중국 기행
변경의 사람들

중국 기행
변경의 사람들

김구용
지음

행복우물

여행루트

프롤로그

'사스'가 창궐했던 2003년, 나는 중국에서 어학연수 중이었다. 상황은 날로 악화됐고 중국 전역 학교에 봉쇄령이 내려졌다. 수업은 파행이었다. 학생들은 기숙사 방에 틀어박혀 수업을 빼먹기 일쑤였다. 나 역시 마찬가지였다. 6월 중순에 봉쇄령이 풀렸고, 한 학기를 날렸다는 걸 깨달았다. 전환점이 필요했다. 2학기 등록을 취소하고 돌려받은 등록금과 기숙사비를 여비 삼아 배낭여행을 떠났다. 북경을 기점으로 반시계 방향으로 중국 국경선을 따라 한 바퀴 도는 일정을 짰고, 종강과 동시에 길을 나섰다. 대도시를 벗어나 시골과 오지를 돌아다녔다.

순진했던 시절의 기억은 온갖 사기꾼과 협잡꾼을 만나면서 부서졌다. 빈부격차는 기가 막혔다. 그러나 한편으로는 자기가 가진 것에 만족하고 감사하며, 즐겁게 살아가는 사람들 모습을 보면서 행복한 인생이 뭔지 심각하게 고민했다. 차별받는 소수민족의 삶을 그들 입을 통해 직접 들었다. 친절하고 정이 깊은 중국인들을 만나면서 중국 내 민족 갈등을 어떻게 이해해야 할지 혼란스러워졌다. 학교에 있었더라면 절대로 할 수 없는 경험이었다. 그 경험은 내 가치관과 행동 양식을 구성하는 기둥이 됐다. 이때부터 나는 "한국인은… 중국인은… 일본인은…"이라며 국민성을 도매금으로 넘기는 사고방식과 화법을 배척했다.

시간이 지나고 돌아보니 많은 것이 변했다. 그 시절 만났던 중국 사람들은 중국의 무질서와 시민의식을 부끄러워했다. 하지만 최근 만난 중국인들은 전혀 달랐다. 친절하고, 예의바르며, 타인을 배려하는 사람을 어렵지 않게 만날 수 있었다. 개도국이었던 중국은 패권 국가가 됐다. 미디어를 통해 보는 중국 사회는 중화주의에 매몰됐고, '1등'이라는 가치에 광적으로 집착한다. 중국 사람들은 자국의 국력을 자랑스러워하며, 당연히 자국이 세계의 중심이며, 그래야 한다고 믿는다. 역사적인 경험을 통해 고개를 숙였던 중화주의가 고개를 빳빳이 들고 있다.

이 책은 20년 전 기록을 바탕으로 했지만, 서술하는 시점은 현재다. 20년의 간극이 글 곳곳에서 드러난다. 현재 중국을 기준으로 보면 이해하기 어려운 부분도 있을 것이다. 정제되지 않은 감정과 과장된 표현도 곳곳에 보인다. '차라리 현재 시점에서 새롭게 써볼까?' 고민도 했다. 하지만 그렇게 하면 당시 경험과 사유가 왜곡될 수밖에 없다. 부끄럽지만 손을 대지 않기로 했다.

이 책은 중국의 명승지, 유명한 관광지를 소개하지 않는다. 부제 '변경의 사람들'이 말하듯, 오히려 사람들이 많이 가지 않는 곳을 다녀온 기록이다. 대신 그곳에서 만난 중국 사람들 이야기를 담았다. 겉으로 보이는 모습 이면을 보고 느낀 기록이다. 사실 짧은 여행 경험을 통해 중국이라는 거대한 나라를 설명하는 건 불가능하다. 다만 이 책이 '중국'이라는 나라, 사회를 이해하는 실마리 중 하나가 되길 바랄 따름이다. 문득, 그때가 그립다.

차례

07	프롤로그
17	중국인의 사고는 자기중심적이다.
21	누구의 땅인가?
28	홍콩사람
39	호수로 지는 해
49	앵벌이
53	후지오카
60	티베트 입경
67	진 시몬스
80	웨이칸
84	Highway to Hell
92	천년왕국
98	시바의 땅
104	작은 성자들
112	라싸로 가는 길

122	강도는 누구인가?
132	The Forbidden City
138	하늘장례식
145	티베트에서 만난 사람들
157	그리움으로 남은 곳
173	잃어버린 지평선
184	일반인 老百姓
193	나는 공산당이 싫어요
200	쓰촨 파이터
205	The Old Town
214	세상에서 가장 깊은 협곡
224	신사와 중국인
233	향수병
239	돌아가야 할 시간
247	에필로그

중국인의 사고는 자기중심적이다

시안-쿠얼라 간 기차는 에어컨이 없는 완행열차다. 30도를 넘나드는 7월 초, 황야를 가로지르는 기차는 달리는 찜통이었다. 창밖으로 보이는 풍경은 메마른 흙과 수분이라곤 눈 씻고 찾아봐도 없을 듯 건조한 둔덕, 그리고 그 위를 덮은 붉은색 벽돌집들 일색이었다. 황톳빛 흙 위에 누런 먼지가 덮인 붉은 벽돌집이 늘어선 메마른 대지는 보기만 해도 갈증이 났다. 하지만 그 위에서도 농작물이 자라고 있었다. 기차를 타고 이동할 때마다 바깥 풍경을 보면서 '땅이 있으면 논밭을 만든다'는 중국 속담을 실감했다. '중국이 식량을 자급하지 못하면 세계적인 식량대란이 온다'는 말은 결코 거짓말이 아니다.

6인실 잉워(硬卧) 같은 칸에 탄 이들은 대학생인 듯한 남자와 이십대 후반으로 보이는 아가씨였다. 당시는 대도시를 벗어나면 외국인을 신기하게 바라보는 중국인을 만나는 게 일상이었다. 둘은 계속 나를 흘끗흘끗 쳐다보다가 눈이 마주치면 이내 시선을 피하곤 했다.

낮잠을 자고 일어나 국수 한 그릇으로 점심을 해결하는데, 그걸 본 아가씨가 키득거리며 웃었다. 잠시 후 객실 담당 승무원과 남학생이 합세해 수다를 떨기 시작했다. 대화 주제는 나였다. 외국인이 중국어를 하리라고는 생각지 못했는지 대놓고 나에 대한 궁금증을 주거니 받거니 했다. 품평회에 오른 물건이 된 기분이었다. 그러다가 결국 승무원이 말을 건넸다.

이들의 관점은 신선했다. 아가씨는 국수를 휘젓는 젓가락질이 능숙하길래 중국인인 줄 알았다고 했다. 남학생은 내 영어 가이드북을 보고는 영어 공부하는 중국인이라고 생각했다. 탓하고 싶지는 않지만, 자기중심적인 사고는 대륙 사람 특징 중 하나다. 검은 머리 동양인은 일단 중국인으로 생각한다. 그도 그럴 것이 56개 소수민족이 모여 사는 나라가 아니던가.

이 때문에 가끔 웃지 못할 상황이 벌어지곤 했다. 시골 오지로 들어가면 내가 중국어를 하건 우리말을 하건 상관없이 나를 중국인으로 여겼다. 조선족으로 생각한 경우도 있었지만, 그보다는 사투리를 쓰는 중국인으로 착각한 경우가 많았다. 사실 중국인에게 사투리는 외국어나 마찬가지다.

시안역 대합실

간쑤성에서 버스로 이동할 때에는 차비 외에 외국인 보험료 40원을 의무적으로 부과해야 하지만, 나에겐 아무 말도 묻질 않았다. 같은 이유다.

승무원은 내가 쓰레기를 어디다 버려야 할지 고민하는 모습을 보고 외국인이라 생각했다. 중국의 쓰레기 문제는 20년이 지나도 개선이 거의 안 됐다. 몇 년 전 베이징에 갔을 때, 사람들이 일회용 용기에 담긴 음식물을 그대로 길거리 쓰레기통에 처박는 걸 보고 현기증이 났다. 승무원은 사스 이야기로 화제를 돌렸다.

"중국인들이 이렇게 지저분하게 사는데 병이 안 걸릴 수가 없지. 사스가 창궐한 이후에야 겨우 위생관념이 생기기 시작했어. 어쩌면 사스가 발병한 게 차라리 다행일지도 몰라."

완행열차는 계속해서 간쑤 회랑을 달려 황하 지류 위를 통과하는 철교에 올랐다. 황하는 물 반 진흙 반이다. 하수는 아니지만 결코 식수도 아닌 것으로 보이는 누런 물이 비단결처럼 꿈틀대며 흘렀다. 기차는 한참을 더 달려 사막지대로 들어섰다. 거친 돌산과 황량한 모래 산이 번갈아 나타났고, 기차는 듬성듬성 솟은 산 사이에 펼쳐진 황무지를 가로질렀다. 한때는 박력 있게 위로 뻗었을 산은 억겁의 세월을 지난 끝에 밋밋한 구릉으로 변했다. 바싹 마른 대지 위에는 하천이 할퀴고 지나간 흔적이 남았다. 기차가 크게 호를 그리며 굽이돌 때면 창밖으로 보이는 기차 꽁무니에서 모래 먼지가 구름처럼 일어났다. 더위에 지쳐 잠시 눈을 감았다 뜨니 사막 너머로 머리에 흰 눈을 이고 허리에 구름을 두른 설산이 보였다. 무더위에 땀을 뻘뻘 흘리며 설산을 바라보고 있자니, 현실감이 없었다. 세상은 넓고 내가 체험한 세상은 정말로 좁다는 걸 알았다.

누구의 땅인가?

 신장 지역 여름 평균 기온은 40도를 넘나든다. 그러나 투루판은 해가 지면 선선하다. 도시는 잘 꾸며져 있고, 활기차지만 시끄럽지 않다. 거칠어 보이지만 여유 있고 순박한 위구르 사람들은 친절하다. 하지만 그들에게는 함부로 말하기 어려운 아픔이 있다.

✥

 투루판에 도착한 다음날, 한동안 동행했던 교주가 제안해 동네 이슬람 사원에 갔다. 관광지로 개방된 사원이 아닌, 지역 주민들의 사원이었다. 시안에서 잠깐 대청진사를 둘러보긴 했지만, 관광객들이 너무 많아 사원이라는 느낌을 받지 못했다.

아잔이 흘러나오는 순백의 사원을 기대하며 차에 올랐다. 택시 타고 달려 사원 입구에 내리니 온통 위구르족 일색이다. 하얀 빵모자들 사이에 선글라스 세 개가 덩그러니 떨어졌다. 그제야 우리가 잘못 생각했다는 걸 깨달았다. 관대한 종교인의 마음으로 우리를 환영해줄 거란 착각은 오만이었다. 그들에게 우리는 그냥 불청객이었다.

눈치 보며 쭈볏쭈볏 들어가려고 하니 입구를 지키던 사람이 손을 들어 단호히 쫓아낸다. 중국어로 "못 들어가나요?" 하고 물었다. 대번에 안색이 싸늘하게 바뀌고 대꾸도 없다. 한족에 대한 반감은 어렴풋이 알고 있었지만, 체감한 느낌은 서늘했다. 내가 타인에게 친절했듯이, 나도 어딜 가나 환영받을 거란 근거 없는 망상을 하고 있었다. 온실 속의 화초가 잡초가 된 순간이었다. 사원 입구에서 쭈볏거리는 내 모습이 처량하기도 하고, 그네들에게 무작정 들이밀었던 나 자신이 부끄럽기도 했다. 발길을 돌리려는데 사원 안에서 젊은 청년 하나가 걸어 나왔다.

"중국 사람이에요?"

깨끗한 중국어다.

"아뇨. 한국 사람입니다."

"들어와서 구경하는 건 되는데, 예배당 안으로 들어오거나, 사진 찍는 건 안돼요."

구세주를 만났다. 벙실벙실 웃으며 따라 들어갔다.
예배 시작 전까지 나무 그늘 아래서 오스만(가명)과 몇 마디 나눴다. 오스만은 우루무치에서 미술 선생을 한다고 했다. 오스만이 함께 있으니 사람들 적개심이 사라졌다. 지나는 이들은 모두 흘긋거리며 우리를 구경했다. 관광지도 아닌 작은 사원에, 외국인 관광객이 덩그러니 앉아 있는 꼴은 아무래도 이질적이었을 테다. 그러던 중 한 노인이 나를 조용히 잡아끌더니 더듬거리며 묻는다.

"북한이랑 미국이랑 한판 붙을 거라면서?"

2003년 상반기는 아들 부시의 미국 정부가 이른바 '대량 살상 무기'를 빌미로 북한을 강하게 압박하던 시기였다. 9.11 참사의 후폭풍은 중국 변두리의 촌로도 긴장하게 만들었다. 당시 중국에서 만난 사람들, 특히 세계 각국에서 온 여행객들은 입을 모아 북한은 이라크 꼴이 날 거라고 예단했다. 아무래도 우리가 보고 듣는 뉴스와는 정보의 질과 양에서 차이가 나겠지만, 그들은 전쟁을 확신했다. 여행을 다니는 동안 무척이나 심란했다. 자기 나라 국격과 국력은 나가 보면 절감하게 된다.

예배에 참여하려고 사원 안으로 들어가던 오스만이 나를 불렀다.

"예배 끝나고 우리 집에 가지 않을래요? 차 한잔 대접하고 싶어요."

감사합니다.

✥

예배가 끝나고 오스만의 집으로 향했다. 반지하 한 층과, 지상 1층으로 구성된 간단한 구조였다. 건물을 쌓은 게 아니라 굴곡 있는 지형 경사면을 파고 들어간 토굴이었다. 그래서인지 지하로 들어가니 무척 시원했다. 습기가 없고, 햇살만 따가운 투루판 기후를 잘 이용해 지은 위구르족 전통 건축 양식이라며 오스만이 자랑했다. 자랑해도 될 만큼 쾌적했다.

방에 들어서니 오스만은 우리가 귀한 손님이라며 새 카펫을 내다 깔았다. 분명히 차나 한 잔 하자고 했는데 음식이 끝도 없이 이어졌다. 쟁반만 한 빵과 간단한 요리를 내더니, 이어서 과자, 사탕, 홍차, 수박, 하미과 등 다과가 줄줄이 이어졌다.

이야기가 오가던 중 오스만이 앨범을 꺼내 왔다. 중국 곳곳에 여행 가서 찍은 사진들이었다. 오스만의 아버지는 여행사 사장이었고, 지금은 퇴직했단다. 본인은 우루무치에서 미대 나와서 미술 선생을 하고 있는데, 2년 후에 일본으로 유학 갈 생각이라고 했다.

얼마 안 있어 오스만의 연락을 받은 친구 투르크(가명)가 합세해 나와 일행 포함 5명이 환담을 나눴다. 외국인들끼리 만나서 할 이야기는 자연 서로의 나라에 대한 궁금증을 푸는 것이다. 이야기가 오가는 도중, 투르크는 한족에 대해 맹렬한 반감을 표시했다.

"중국에서 그런 말을 하면 위험하지 않아?"

걱정스럽게 물었더니 투르크가 "흥!"하고 거칠게 콧방귀를 뀌더니 열변을 토했다.

"오스만은 투루판에서 최고급 교육을 받은 인재야. 그런데 그런 인재에게 중국 정부는 농사지을 걸 권하지. 이게 말이 되나? 신장의 위구르인들에겐 인권이란 게 없어. 좋은 직업은 다 한족들 차지지. 위구르족에게는 아예 기회 자체가 없어. 그래서 이곳의 위구르족 대부분은 겨우 벌어먹고 사

오스만과 투르크

는 형편이야. 도대체 이 땅이 누구의 땅이지? 역사적으로도 우리 위구르 사람들이 살던 땅이었어. 그런데 한족들이 50년 전(*중화인민공화국 건국)부터 들어와서는 자기 땅이라고 우겨대니 우리가 어떻게 화가 안 나겠어? 그래서 오스만의 아버지는 재산을 몽땅 털어 1년에 2만 위안이나 들여서 계속 오스만을 공부시키는 중이야. 배워야 힘이 생긴다고. 하여간 한족들은 다 나쁜 놈들이야!"

가슴이 아프다. 뭐라 할 말이 없다. 국제사회는 강대국 중국의 눈치를 보느라 신장과 티베트의 독립에 대해서는 일

언반구도 없다. 그나마 티베트는 달라이라마라는 위대한 지도자의 후광으로 지속적인 관심을 받고 있지만, 신장은 그렇지 못하다. 나만 해도 여행을 떠나기 전까지는 그저 '한족과 다르게 생긴 사람들이 사는 중국 땅'으로 밖에 신장을 알지 못했지 않은가.

홍콩 사람

 도미토리에 홍콩에서 온 아가씨가 들어왔다. 깡마른 체구에 툭 튀어나온 이마, 피부는 까무잡잡했다. 길을 지나다 한 번쯤 봤을 듯한 평범한 얼굴이었는데, 눈빛이 유별나게 초롱초롱했다. 나이 34세, 이름은 안 밝혔고 장(江)씨니까 '샤오장'이라고 부르란다. 나보다 열 살이 많으니 '따제(누나)'라고 부르겠다고 했다가 등짝을 얻어맞았다. "누가 봐도 액면가는 네가 나보다 오래비다. 그러니 너는 마땅히 나를 '샤오(小)'로 불러야 한다." 라는 게 그의 논리였다.

✥

 샤오장은 온화하고 배려심이 몸에 밴 사람이었다. 항상 차분한 목소리로 조심스럽게 자기 생각을 얘기했지만, 농담

할 때는 한마디도 지는 법 없이 유쾌했다. 4년 간 열애 끝에 결혼한 남편을 홀로 집에다 버려두고 혼자 여행을 떠날 만큼 당찬 아가씨였다. 매일 저녁 휴대전화로 남편과 통화할 때는 10대 소녀 같은 싱그러움이 묻어났다.

샤오장은 잘나가는 기업 회장 비서로 10년 간 일하다가, 문득 여행을 하고 싶어서 직장 때려치우고 홀홀 단신으로 떠나왔단다. 원래 계획은 청두에서 천장공로(청두-라싸)를 타고 동부 티베트를 관통해 라싸로 들어가는 거라고 했다. 그러나 하필 그 당시에 쓰촨성에 홍수가 난 지라 티베트로 들어가는 교통이 전면 통제되어 어쩔 수 없이 꺼얼무에서 버스를 타고 라싸 들어갔다가 다시 꺼얼무로 돌아 나와 신장(新疆) 루트에 올랐다고 했다. 7월 초 티베트 입경이 풀린 후부터는 체온 검사만 할 뿐 청장공로(꺼얼무-라싸) 중간에서 퍼밋 검사하는 공안 하나도 못 봤다면서, 중국인 행세하고 한번 통과해 보라며 나를 부추겼다.

샤오장과 함께 다니는 동안 "어디서 왔어요?"란 질문을 많이 받았다. 우루무치에서 샤오장과 함께 저녁을 먹으러 갔을 때의 일이다. 혼자 갔을 때 나를 환대해 준 국숫집 사람들 표정이 그녀를 본 순간 싸늘해졌다. '중국 것들'이라며 대놓고 비아냥거리는 소리가 구석구석에서 들렸다. 아연해진 내 표정을 본 샤오장은 "이곳 사람들은 한족을 싫어해서 다니기가 힘들다."며 쓴웃음을 지었다.

투루판에서 만났던 오스만에게 한족에 대한 위구르족의 뿌리 깊은 증오심을 들었기에 놀랍지는 않았지만, 머릿속이 복잡해졌다. 누군가에게 미움을 받는다는 건 등골에서 뱀이 스멀거리듯 기분 나쁜 일이다. 하물며 그 이유가 자기 잘못이 아닌 타고난 원죄라면 어떤 기분이었을까?

중국 정부가 외치는 '하나의 중국'은 그 속에 들어가 보기 전엔 꽤 그럴싸하다. 하지만 실상은 다르다. 샤오장은 항상 광동이나 광주에서 왔다고 할 뿐 홍콩에서 왔다는 이야기는 하지 않았다. 본토인들은 "홍콩에서 왔다"라고 하면 색안경을 끼고 보고, '홍콩 사람'이라고 하면 "그럼 넌 중국인 아니냐?"하고 화를 낸단다. 심지어 함께 다니는 동안 어떤 사람이 그녀 면전에서 "중국 사람인데 중국말 잘 못하네"라며 비아냥거리는 모습도 봤다. 당시는 2003년, 홍콩이 중국 정부에 반환된 지 5년이 지난 시점이었다. 홍콩 사람은 철저한 이방인이었다.

❖

샤오장과 함께 현지 여행사 투어에 참여했다. 당시만 해

위. 투루판 교하고성, **아래.** 화염산을 거니는 샤오장

도 투루판은 대중교통 인프라가 없었다. 중요한 유적과 명소들은 중구난방으로 흩어져있기 때문에 택시를 빌리지 않는 한 현지 여행사의 투어에 참여할 수밖에 없는 구조였다. 투어라고 해도 가이드가 붙는 게 아니라 각 지점에 참가자들을 일정 시간 동안 풀어놨다가 다음 장소로 옮겨다 주기만 하는 호핑 투어(Hopping tour)였다. 투어는 12시간 동안 투루판 명소 여덟 곳을 숨 가쁘게 돌아다니는 일정이었다.

투루판은 숨 막힐 정도로 복잡한 역사를 지닌 땅인 만큼 이야기가 넘쳐나는 곳이다. 고대 중국의 유적과 이슬람 문화가 혼재해 독특한 풍경을 자아낸다. 투어에 참가해 사방에 흩어진 유적을 따라다니다 보면 내가 지금 도대체 어디, 어느 시대를 보고 있는 건가 혼란스럽다.

첫 번째 목적지는 화염산이었다. 화염산의 유명세는 서유기 때문이다. 서역으로 향하던 삼장법사 일행은 활활 타오르는 화염산에 가로막혀 발이 묶인다. 불을 끄기 위해 필요한 것이 바로 우마왕의 처, 나찰녀의 보물 파초선이었다. 손오공은 우마왕과 한판 승부를 벌인 후에 파초선을 얻어 화염산의 불을 끈 후에야 여정을 계속할 수 있었다.

버스는 출발한 지 30분 정도 지나서 위구르족 토기 공예품 전시관에 우리를 내려줬다. '이렇게 과감하게 사기를 치는 건가?' 싶어서 매표소 직원에게 "화염산이 어디요?"라고 물었다. 그러자 매표소 아가씨는 잠시 나를 멀뚱멀뚱 쳐다

보더니 '뭐 이런 병X이 다 있지?' 하는 듯한 표정으로 대답했다.

"네가 서 있는 곳이 화염산인데요."

황당한 내 표정을 본 중국 사람 하나가 "가이드북에 나온 사진은 아스타나 고분군에서 포도구 가는 길에 볼 수 있어요."라고 귀띔했다. 나중에 안 사실이지만 화염산은 투루판 인근을 동서로 100km나 가로지르는 거대한 산맥을 칭한다.

화염산의 진면목은 나중에 버스 안에서 보게 됐다. 만년설을 머리에 인 천산산맥 줄기를 따라 달리다 보니 화염산 자락이 나타났다. 거칠게 마모된 산 옆면이 세로 방향으로 지그재그 문양을 그리고 있었다. 흙마저 붉은색이라 강한 햇빛 아래선 충분히 불꽃 모양으로 보일만 했다.

투루판은 중국에서 가장 더운 지역이다. 분지 지형이라 열기가 빠져나가지 못한다. 여름철 평균 기온은 40도에 육박하며, 수은주가 50도를 넘기는 일도 흔하다. 강수량은 부족하고 일조량은 어마어마하니 지표면 온도는 최고 80도에 육박한다. 이때 달걀을 깨뜨려 길바닥에 두면 그대로 프라이가 된다. 지표면의 수분은 말라붙어 바스락거리는데, 타는 듯한 적토는 햇볕을 받아 일렁인다. 아지랑이에 실려 춤을 추는 산의 실루엣은 어디를 보나 이글거리는 화염이다.

화염산

먼 옛날 사막을 가로지르던 사람들은 그야말로 불구덩이 한복판에 들어온 느낌 아니었을까? 그러니 이 산을 보고 화염을 떠올린 건 당연한 일이었을 터다.

포도구를 지나면서부터 불구덩이를 연상케 할 정도로 뜨거워졌다. 일기예보에선 최고 기온이 38도라고 했는데 거짓말이다. 호텔 프런트 직원 말이 인상적이었다.

"40도를 넘으면 관공서는 일을 멈추고 학교는 휴교령이 떨어진다. 그런데 40도 넘는 일이 비일비재하니 지역 경제가 툭하면 멈춰버린다. 그래서 정부에서는 일기예보를 할 때 아무리 더워도 38도에 맞춰서 예보를 내보낸다. 그래서 투루판의 여름 평균기온은 정확히 38도다."

포도구는 말 그대로 포도를 대량으로 재배하는 지역이다. 기후는 악랄하지만, 포도 재배에는 최적이다. 강수량은 적고 일조량이 풍부한 탓에 여기서 난 포도는 기가 막히게 맛있다. 그래서 이 지역 포도는 예로부터 알아주는 특산품이었다. 중국 와인 산업도 이 지역에 기대고 있다.

다음 코스는 카레즈(Karez)였다. 천산의 눈 녹은 물을 끌어들여 농업 용수로 대기 위한 지하 관개수로다. 총길이 5,000km에 달하는 어마어마한 규모를 자랑한다. 가이드북에는 '안내인 없이 들어갔다가 길을 잃으면 유골도 못 찾을 가능성이 있다'고 나와 있었다.

카레즈에 도착하니 더위를 먹은 듯했다. 움직이면 욕지기가 치밀었다. 결국 관람을 포기하고 생수를 20위안어치 사서 그늘을 찾아 드러누웠다. 그 사이 샤오장은 카레즈를 구경하고 돌아왔다.

샤오장의 증언에 따르면 당시 카레즈 내부는 제한된 구역만 볼 수 있었다. 입장료는 20위안이었다. 입장권을 끊고 내부에 들어선 관광객은 10평 남짓한 공간의 관람실을 둘러보게 된다. 관람실에는 카레즈가 어떻게 만들어졌는지, 어떻게 생겼는지를 재현해 놓은 모형이 있었다. 샤오장은 카레즈에 들어갔다 나와서 욕을 했다.

"네가 쓴 20위안이 훨씬 가치가 있을 거야."

샤오장은 카레즈를 떠날 때까지 계속 투덜거렸다.

투어 마지막 순서는 교하고성이었다. 투루판 투어의 하이라이트이자, 내 주된 관심사였다. 당시 시간이 베이징 표준시로 오후 4시 반 경이었으니 신장 시간으론 2시 30분이었다. 하루 중 가장 더울 시간이었다. 100m 정도 걷다가 나도 모르게 "이 미친 동네 날씨는 도대체 왜 이 모양이냐!"라고 비명을 지르고 매표소로 후퇴했다. 해가 진 후 움직일 요량으로 매표소 의자에 앉아있었더니 오토바이 택시를 잡아

타고 온 교주가 휘적거리며 나타났다.

"투루판에서는 저녁을 먹은 후 일과를 시작해야 하지."

작년에 이미 이 지역을 다녀간 교주는 축 늘어진 나와 샤오장을 보며 웃었다.

✥

오후 6시 반이 넘었지만 해는 아직도 중천에 걸려있었다. 날씨와 상관없이 베이징 표준시에 일과를 맞춰놓은 중국 정부 행정 원칙 탓에 더 늦기 전에 들어서야 했다. 잔인하게 더운 날씨 때문인지 고성에 들어서는 입장객은 우리뿐이었다. 혀를 한 자씩 빼물고 열에 들떠 벌게진 눈을 굴리며 돌아 나오는 사람들은 우리를 보고 돌아가라며 만류했다. 덕분에 한적한 고성을 거닐며, 이미 폐허가 된 옛 영화의 현장으로 빠져들 수 있었다. 한때는 성벽이었을 토담, 마을이 있던 자리에 을씨년스럽게 남아있는 벽의 잔해, 좁은 성벽 틈으로 불어오는 더운 바람과 칼날 같은 바람소리가 누렇게 죽어버린 도시 색깔과 어울려 신비로운 적막감을 자아냈다.

미로 같은 성터를 누비고 다니다가 고성 가운데 위치한 사찰터에서 노년의 배낭객 세 명을 만났다. 개미새끼 한 마리 찾아보기 힘든 황량한 벌판이라 사람이 반가웠나 보다. 누가 먼저랄 것도 없이 웃으며 인사를 건넸다. 각각 캐나다, 독일, 프랑스에서 온 이들로 여행하다가 만나서 같이 다니고 있다 했다. 깊게 파인 주름을 타고 젊음이 흘러넘쳤다. 투루판의 더위를 잊어버릴 만큼 시원한 미소가 인상적이었다.

"영감, 이리 와. 네 평생에 언제 이런 미인이랑 사진 찍어보겠냐?"

라고 농담을 던지는 독일 노파의 목소리는 까랑까랑했다. 파란색 실크 두건, 살짝 붙는 민소매 상의, 빌로드 재질의 터키 스타일 품 넓은 바지를 입은 할머니에게서 젊음이 느껴졌다. 배낭여행은 20대의 전유물이라고 생각하고 있던 당시 나에게는 충격적인 경험이었다. 나도 저 나이가 되어 혈혈단신 배낭 하나 메고 다시 떠날 수 있을까?

호수로 지는 해

투루판에서 누군가 "우루무치-이닝-쿠처 구간을 버스로 가면 그 아름다움에 눈물을 흘리게 된다"는 이야기를 했다. 실제로 가보니 정말 눈물이 났다. 허리가 아파서.

✥

우루무치를 빠져나와 2시간 정도 달려 쿠이툰(奎屯)을 넘어선 후론 내내 비포장도로다. 쿠이툰을 지나면서부터 쿠이툰허(奎屯河)라는 강을 따라 달렸다. 버스에서 길가를 보니 '여기서부터 이닝까지 전 구간 도로공사 중'이라 적힌 팻말이 보였다. 버스는 공사 중인 도로 옆, 하천변 비포장 도로를 달렸다. 전동 안마기를 엉덩이 밑에 깔고 버스를 탄 느낌이었다.

자리를 받을 때 창가 쪽 좌석이라, '바깥 풍경이 잘 보이겠군.'하고 좋아했는데 반대쪽 창문으로는 희한한 모양의 산과 초원이 흐르고 내쪽 창밖으론 처음부터 끝까지 공사판이었다. 건너편 창문으로라도 바깥을 보고 싶어서 고개를 빼 봤지만 햇빛이 드는 게 싫은 사람들이 모조리 커튼을 쳐버렸다. 꿈속을 헤매다가, 점멸을 반복하는 VCD를 보다가, 그렇게 10시간을 달려 목적지인 사림호(塞里木湖)에 도착했다.

내릴 준비를 하려고 주섬주섬 짐을 챙겼는데, 차가 움직일 생각을 않았다. 차창 너머 호수가 도로에는 차들이 길게 늘어서 있었다. 외길이니 그럴 수 있겠다 싶었는데, 두 시간이 넘도록 요지부동이었다. 갑갑한 사람들은 차에서 내려 근처를 배회했다. 도무지 이해가 되지 않아 기사에게 어찌된 영문인지 물었다.

"당 간부들이 이 길을 지나간대요. 그 차 지나갈 때까지는 길을 봉쇄한답니다. 곧 지나갈 거라는데 언제인지는 정확히 모르겠네요."

그래, 여기는 공산당 독재 국가였다.

잠시 혈압이 올랐지만, 그 덕분에 환상적인 풍경을 볼 수 있었다. 시간은 베이징 표준시로 9시 45분이었다. 해가 막 호수 뒤에 선 산너머로 가라앉고 있었다. 미미한 물결이 치는 호수 위로 물에 탄 잉크처럼 큼직한 구름 한 조각이 번지고 있었다. 호면은 석양빛을 받아 시시각각으로 변했다. 황금빛이 호수와 하늘을 물들이더니 이내 검은 구름에 화려한 테두리를 입혔다. 해가 조금씩 더 넘어가면서 석양이 점점 붉어지더니 마지막엔 핏빛으로 변했다. 호수는 온통 새빨갛게 물들었다. 넋이 나가서 차창 밖을 바라보다가 무심코 반대편으로 고개를 돌리니 노을이 채 가시지 않는 산봉우리 위로 아직 조금 덜 찬 보름달이 둥실 떠오르고 있었다. 버스 양쪽 창문을 번갈아 바라보니 완전히 다른 세계다. 판타지 소설 속으로 들어선 기분이었다. 애당초 사림호에서는 하루만 묵고 이닝으로 갈 계획이었으나 그 자리에서 계획을 바꿨다. 저 아름다운 일몰을 다시 한번 보고 싶다는 생각이 가시질 않았다.

버스기사에게 부탁해서 천막촌 입구에 내렸더니, 차도 건너편 마을에서 사람들이 미친듯이 달려들었다. 때는 바야흐로 2003년 8월 초. 사스(SARS)가 중국 전역을 휩쓸면서 발동된 봉쇄령이 풀린 지 한 달 남짓한 시기였다. 당연히 여행객은 극소수였고, 어딜 가도 사람이 드물었다. 이걸 사스 특수라고 표현하는 건 부적절하긴 한데, 여행객 입장에서는 꽤 편했던 게 사실이다.

하지만 현실은 긴박했다. 헌터 맵 가운데 정찰 나간 마린 한 마리에게 땅 파고 숨어있던 저글링 50마리가 한꺼번에 대가리 쳐들고 달려드는 느낌이었다. 나름 장관이었는데, 표적이 나라는 게 문제였다. 한철 장사에 손님은 씨가 말랐으니 다들 눈에 독이 오른 게 보였다. 형형한 눈빛들이 나를 향해 쇄도했다.

"총각! 우리 집 와요!"
"형! 저희가 싸게 해 드릴게요!"

호객꾼 20여 명이 달려들어 내 팔을 잡아끌고 다리를 붙잡고 늘어졌다. 그 와중에 한 녀석이 내 배낭을 집어 들더니 냅다 뛰었다.

"형(哥)! 제가 진짜로 싸게 해 드릴게요!"
"이 XX야! 반칙이잖아!"

다른 호객꾼들이 욕을 퍼붓는 소리를 뒤로하고 내 손을 잡고 있던 녀석이 날 잡아끌며 소리 질렀다.

사림호의 일출

"형! 저 사람 우리 형(老大)이에요! 갑시다!"

화가 나거나 짜증이 나야 정상이지만 20:1은 너무 심했다. 완전히 얼이 빠져서 그 친구들이 끄는 천막촌에 들어갔다. 주위를 둘러보니 모두 'XX산장'이라고 간판을 써붙인 천막들이다. 한숨 돌리고 그네들을 보니 웃음밖에 안 나온다. 그저 웃을 수밖에. 파안대소를 하니 그네들도 멋쩍게 웃는다.

❖

사림호를 찾은 이유는 승마(乘馬)였다. 사림호 승마 투어 시스템은 꽤 특이했다. 산장에서 숙식을 해결하고, 산장 주인 혹은 직원이 1:1로 따라붙어 말타기를 가르쳐준다. 비용은 하루 종일 타는데 200위안(당시 환율로 약 3만 2,000원)이었다. 사림호에 사는 사람들은 회족, 카자흐족 등 소수민족인데, 이들은 겨울에는 자기 마을에서 지내다가 봄부터 가을까지만 호숫가에 천막을 치고 여행객을 받았다. 당시만 해도 이 지역 관광 상품은 따로 없었다. 중국 여행객들은 단체로 몰려와 이들 천막에서 음식을 먹고 잠시 호숫가 풍경을 구경하다 떠났다.

다음날 아침, 일출을 보기 위해 새벽 4시 반에 일어났다.

날이 추워 세수도 생략하고 옷을 있는 대로 껴입고 길을 나섰지만 여전히 추웠다. 8월 초인데 당황스러웠다. 심호흡 한 번 하고 동쪽을 바라보니 산봉우리 위쪽으로 희미한 오렌지색 테가 둘러져 있었다.

승마 선생 하기로 한 왕정(汪征)과 함께 말에 올랐다. 가파른 산길은 온통 진창이었다. 험한 길을 꾸역꾸역 잘 올라주는 말이 기특했다. 경사가 급한 곳이나 유난히 험한 길에서 걱정하는 날 보며 왕정이 말했다.

"말 다리는 네가 생각하는 것보다 튼튼해. 걱정 마."

그 말을 증명이라도 하듯 내가 탄 말은 거친 숨 한 번 내쉬지 않고 잘도 움직였다.

일출을 보고 난 후 본격적인 레슨이 시작됐다. 왕정이 앉는 법부터 고삐 잡는 법, 도는 법, 세우는 법, 뛰는 법을 자세히 가르쳐 줬다. 대략 3~4시간 정도 왕정을 따라 호숫가를 돌고 나니 말이 내 말을 듣기 시작했다.

"이제 혼자 타도 되겠는데? 점심 먹고 다시 나오자."

밥을 먹자마자 왕정을 채근해서 말 타러 나갔다. 말이 좀 힘이 부치는 듯하여 왕정이 다른 말 한 필을 끌어다 줬다.

이전 말보다 머리 하나는 더 컸다. 올라타고 보니 세상이 내 발 아래에 있었다.

"우리 집에서 제일 빠른 말이야. 위험하니까 너무 심하게 몰지는 마."

왕정 말대로 녀석은 무섭게 내달렸다. 한 발 내디딜 때마다 주변 풍광이 옆으로 쏜살같이 지나갔다. 왕정의 지도를 받아 서너 번 정도 말 앞뒤로, 옆으로 고꾸라질 뻔한 위기를 넘기고 균형 잡기에 성공했다.

등자를 밟은 발에 힘을 주고 상체는 고정한다. 말이 뛰는 리듬에 하반신의 반동을 맞춰 충격이 상체로 올라오지 못하게 훑어낸다. 스태빌라이저에 올라탄 듯 시선이 고정되고 나면 질주하는 말 위에서도 주변 풍광이 눈에 들어온다. 분명히 땅 위를 달리고 있는데 하늘을 나는 착각이 든다. 자동차를 타고 달릴 때와는 전혀 다른 느낌이다. 오후 내내 말을 달렸더니 내장이 흔들려 욕지기가 치밀었다. 나도 땀투성이고 말도 땀투성이가 됐다. 허벅지와 종아리가 모조리 쓸려서 앉을 때마다 따갑기 그지없지만 기분만은 더없이 상쾌했다. 넓은 초원을 총알처럼 내달리는 그 짜릿한 기분은 말을 달려보지 않으면 모른다.

위. 사림호 승마 체험, **아래**. 왕정의 가족

천막촌 근처를 산책하며 저녁식사를 기다렸다. 왕정의 매형이 투박한 손으로 만들어낸 저녁밥은 정갈하고 맛있었다. 이들과 같이 저녁을 먹으면서 담소를 나눴다.

　왕정네 가족은 회족이다. 회족의 유래에 대해 물었더니 당나라 말엽 '안사의 난'때 중동에서 용병으로 온 사람들 중 돌아가지 않고 남은 사람들이 회족의 선조란다.

"돌아가려(回) 돌아가려(回) 해도 돌아가지 못해 회족(回族)이지."

　끝이 없는 여행 중인 사람들 같았다. 그들은 과연 아직도 돌아가길 원할까? 문득 내 여행의 방향이 궁금해졌다. 나는 앞으로 나아가고만 있을 뿐, 돌아갈 곳과 시간은 생각하지 않고 있었다. 모험과 도전을 찾아 집을 떠나온 젊은이는 뒤를 돌아보지 않는다. 하지만 나이가 들고 현실에 닿고 나면 고향을 떠올린다. 문득, 인생이 여행이란 생각이 들었다.

앵벌이

때로 여행은 고행이다. 심신이 지쳐갈 때쯤 만나는 친절은 각별한 기억으로 남는다.

✥

천막을 뚫고 들어온 아침햇살에 눈을 떴다. 사림호를 떠나 쿠처(库车)로 향하는 날이다. 쿠처는 타클라마칸 사막을 가로지르는 실크로드 중 천산남로 중심에 자리한 교통의 요지다. 북으로는 카자흐스탄과 통하고, 남으로는 사막을 가로질러 허톈(和田, 호탄)으로 향한다. 동서로는 투루판과 카스(喀什, 카슈가르)를 잇는다. 사림호에서 쿠처까지 한번에 가는 교통편이 없기에 먼저 이닝으로 가서 하루 묵고, 다시 쿠처로 향하는 버스를 타야 했다.

왕정이 챙겨준 쟁반만 한 빵으로 아침을 때우고 이닝으로 가는 버스를 잡으러 길을 나섰다. 사림호에 버스터미널 따위는 없었지만, 우루무치에서 이닝으로 향하는 버스가 하루에도 여러 대 지나다녔다. 호숫가를 따라 달리는 길이 외길이라 길가에서 시간을 맞춰 기다리다가 지나가는 버스를 잡아타면 됐다. 그렇게 이닝으로 나간 뒤 다시 진로를 정하는 게 일반적인 루트였다. 당시에는 지역에 따라 시외버스라도 이런 식으로 중간에 잡아탈 수 있었다. 버스비는 기사가 적당히 챙기는 듯했다.

내 몰골은 몽골 초원 깊숙한 곳에서 갓 걸어 나온 듯했지만, 왕정네 가족이 보기엔 영 미덥지 않았나 보다. 왕정이 차도까지 따라 나와서 차를 잡아줬다. 차에 오르기 전 왕정이 신신당부했다.

"이닝 가는 중간에 차를 한 번 갈아타야 하는데, 이 차 기사한테 20위안만 주면 갈아타는 차는 차비 줄 필요 없어. 자기들이 알아서 나눠 가질 거야. 기사 양반, 이 친구한테 사기 치지 말아요!"

우루무치에서 마부들에게 호되게 당한 기억이 채 가시기 전이었다. 왕정이 보여준 친절에 나도 모르게 눈시울이 붉어졌다.

이닝까지는 그리 오래 걸리지 않았다. 두어 시간 덜컹이는 길을 타고 달리니 어느새 도심으로 들어섰다. 먼저 매표소에 들러 다음날 쿠처로 가는 버스표를 수배했다. 쿠처까지는 18시간 걸리는 여정이라 침대버스를 찾았지만, 좌석버스 표밖에 없었다. 딱딱한 좌석에 앉아 오프로드를 달려야 했다. 앞이 노래지는 기분이었지만 방법이 없었다. 일단 표를 끊었다.

호텔에 들어가 그간 못한 빨래를 해결하고 샤워까지 하고 나니 정신이 들었다. 사림호에 있는 이틀 동안 양치는커녕 세수도 한번 못 했었다. 저녁 먹으러 나가본 시내는 삭막한 중국 도시의 전형적인 모습이었다. 문득 아름다운 사림호 하늘이 그리워졌다.

날이 어둑해지자 호텔 앞 거리에 노점이 가득 들어섰다. 번잡하지 않지만 활기찼다. 맥주가 생각나 거리로 나섰다. 적당한 자리에 주저앉아 맥주와 양꼬치를 시켰다. 혼자 마시는 술이라 그런지 금세 취기가 올랐다.

맥주 한 병이 거의 비어갈 때쯤 좌판 사이를 헤집고 다니는 앵벌이 아이 하나가 눈에 띄었다. 맥주를 홀짝거리며 지켜봤다. 중국 사람 하나가 그 아이를 붙들고 한참을 놀려 먹더니 꺼지라며 낄낄댔다. 나도 모르게 눈썹이 꿈틀했다. 아이는 분이 뻗친 얼굴로 돌아섰다. 알아들을 수 없는 욕을 내뱉으며 살벌한 눈빛을 흘리던 꼬마는 나와 눈이 마주치자 언제 그랬냐는 듯이 금세 생글거리며 다가왔다.

"아저씨(叔叔), 껌 사세요."

스물다섯 살에 처음으로 '아저씨'라는 호칭을 들었다. 당시에는 거울을 거의 안 보고 살았다. 내 잘못이다.

잠시 아이 얼굴을 쳐다봤다. 날카롭게 째진 눈 속으로 깊이를 알 수 없는 눈동자가 보였다. 무엇이 이 아이의 눈을 이렇게 만들었을까? 이건 내가 알고 있는 어린아이의 눈이 아니었다. 술기운은 아닐 텐데 아이를 그냥 보낼 수가 없었다. 아이가 들고 있던 부채를 2위안에 받아 들고 "加油(기운 내)"라고 한마디 했다. 아이는 놀란 눈으로 나를 잠시 나를 쳐다보더니 "谢谢(감사합니다)"라며 꾸벅 고개를 숙이곤 사라졌다. 맥주를 한 병 더 주문했다.

후지오카

 우리는 왜 여행을 하는가? 길에서 마주친 풍경, 우연히 만난 사람에게서 무엇을 얻게 되는가?

✢

 새벽 4시에 몸을 일으켜 길을 나섰다. 기차 시간은 5시 20분이었다. 택시에서 내려 역에 들어가니 사람이 없었다. 고요한 평화는 잠시, 발차 시간이 임박해 시작된 검표 과정은 역시나 아수라장이었다. 악다구니를 벌이는 사람들 사이를 헤집고 다니던 승무원 하나가 목소리를 높였다.

 "줄 서요! 외국 사람도 있는데, 창피하지 않아요?"

카슈가르 풍경

　중년 여인의 사자후가 먹혔다. 중국 생활을 시작한 지 1년 만에 사람들이 줄 서는 모습을 보게 됐다.
　기차표는 좌석 지정이 안 된 우쭈어(無座)라 승차한 순간부터 전쟁이다. 객차 내엔 이미 두 자리, 세 자리씩 차지하고 자빠져서 자는 중국인이 즐비했지만 아무도 일어나지 않았다. '나만 아니면 돼'라는 인식이 팽배한 이기적인 중국인의 모습이 다시 나타났다.
　내가 선 곳 앞자리에 누워있던 여자아이 하나가 부스스 일어났다. 쿠처에서 만나 카슈가르까지 동행하게 된 최 선생이 "앉아도 될까요?"하고 점잖게 물었다. 아이는 "흥!" 하는 콧방귀와 함께 다시 자빠졌다. 그걸 본 나는 또 혈압이 솟구쳤다. 통로 맞은편 자리에는 위구르족 아이 둘이 엉켜 자고 있었다. 대여섯 살 정도 돼 보이는 꼬마들은 그로테스크한 각도로 몸을 꼬고 잠들어 있었다. 그걸 본 여자아이가 "저 꼬마들 낮에는 미쳐 날뛰더니 밤엔 저렇게 달게 자네..." 하고 푸념했다.

역을 몇 개 지나는 동안 자리가 비었다. 최 선생과 나는 마주보고 앉았다. 피로 앞에 장사 없다. 불편한 자리에 앉아서도 어느 틈엔가 잠이 들었다. 눈을 떠 보니 해는 중천이다. 그새 일어난 남매가 활동을 시작했는데 모양새가 가관이다. 작은놈은 그 좁은 기차 안을 뛰고, 날았다. 풍선을 불어 통로를 왕복하며 드리블을 하더니, 급기야는 자리에 앉아있는 사람을 샌드백삼아 권투를 했다. 그러나 아무도 아이를 제지하지 않았다. 그래. 나만 아니면 된다.

※

기차 안에서 우연히 우루무치 호스텔 같은 방에 묵었던 후지오카 씨를 만났다. 우루무치를 떠날 때 가볍게 눈인사만 주고받았는데, 기차 안에서 다시 만나게 될 줄은 몰랐다. 이것도 인연이라고 괜히 반가웠다. 후지오카 씨도 마찬가지였는지 끼니도 거른 채 맥주부터 시켜 대화를 나눴다.

"일본의 정치, 경제는 더 악화될 수 없을 만큼 형편없는 상태야."

맥주병 뚜껑을 열자마자 대뜸 그가 한 말이었다.

"우리나라도 마찬가지예요. IMF 경제위기를 이제 막 벗어났는 걸요."
"한국은 개선의 여지가 보이지만 일본은 이미 아무런 가망이 없어. 끝없는 불경기야. 일본은 절대로 변할 수 없을 거야."

맥주 한 병을 다 비운 그는 다음 병을 따며 말을 이었다.

"자유롭게 여행하며 살고 싶은데, 그러려면 돈이 있어야 해. 결국 인생의 열쇠는 돈이야."

공허한 눈빛을 한 후지오카 씨의 얼굴을 보자 입이 떨어지지 않았다. 그는 어떤 삶을 살았던 것일까?
카슈카르에 도착하니 찌는 듯 더웠다. 호텔에서 마중 나온 버스를 타고 들어가 짐을 푼 후 노천카페에 앉았다. 맥주병이 반 정도 비었을 때쯤 교주가 나타났다. 1주일 만에 다시 본 얼굴인데 일없이 반가웠다. 해가 진 후 카슈가르는 여느 중국 도시와 다를 게 없었다.

"1년 만에 너무 많이 바뀌었는데… 카슈가르도 이제 죽었구나."

교주가 한숨을 내쉬었다. 카슈가르는 뭔가 답답했다. 실크로드 교통의 요지로 천 년 간 번성했던 도시라는 영광은 옛이야기였다. 그 유명한 일요시장은 그냥 시끄럽고 붐비는 동네 시장일 뿐이었다. 모스크 구경이나 유적지 구경도 시들했다. 이대로 떠나면 나중에 후회할 것도 같지만 그렇다고 더 머물고 싶지도 않았다. 티베트로 떠나기로 결정했다.

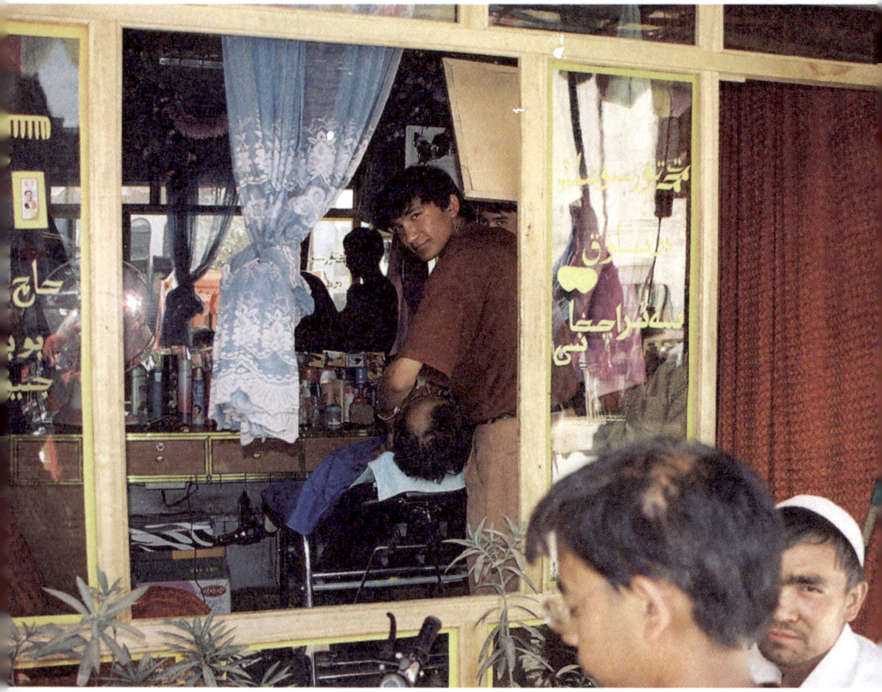

카슈가르 소경(小景)

티베트 입경

어린 시절 〈3X3 아이즈〉라는 만화를 봤다. 밀교와 힌두교 전설을 여기저기 가져다 쓴 판타지였다. 샹그릴라, 샴바라, 곤륜, 서왕모, 티베트 밀교, 포탈라궁, 웅장한 설산에 자리한 신비로운 선경은 어린 나의 호기심을 자극했다. 그곳에서는 왠지 마법 같은 일들이 벌어질 것만 같았다. 그때부터 티베트는 나에게 가보지 않은 그리움이었다.

✢

당시 중국에서 티베트, 정확히는 '라싸'로 들어가려면 통행증(퍼밋)이 필요했다. 외국인은 무조건 중국 정부가 발행하는 퍼밋을 발급받고, 운전기사와 차량, 가이드를 대절해야만 티베트에 들어갈 수 있었다. 그나마 그렇게 들어간 후

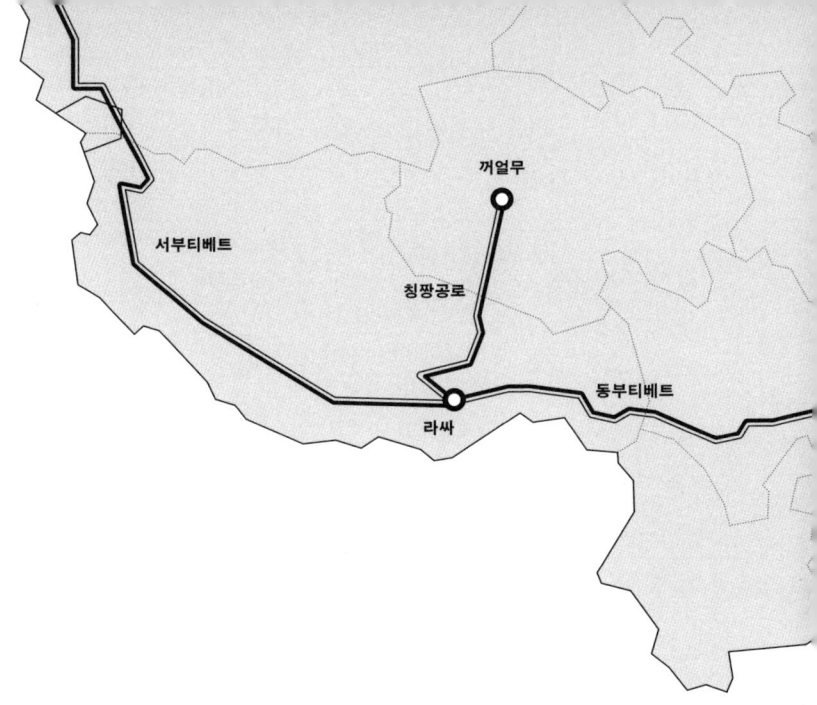

에 다닐 수 있는 곳은 라싸-시가체 구간뿐이었다. 다른 지역을 출입하다가 적발되면 티베트 자치구에서 추방당했다.

티베트의 비경을 직접 보고 싶다는 욕망과 중국 공산당 소수민족 정책의 부당함에 대한 본능적인 거부감의 상승작용으로 여행자들은 '밀입국'을 시도했다. 당시 중국 공안의 대처는 엉망이었다. 공안 중에는 퍼밋의 존재를 모르는 이들도 있었고, 이들을 어떻게 대해야 할지 모르는 이도 많았다. 지금이야 소수민족 독립운동을 강력하게 탄압하고 있고, 내부 소식을 알 방법도 거의 없는 상황이지만 당시만 해도 어느 정도 느슨한 분위기였다. 일단 라싸까지 들어가면 쫓겨나는 일은 없었다. 따라서 여행객들은 히치하이크를 통한 티베트 입경 루트를 검색하고 공유했다.

당시 티베트로 들어가는 길은 크게 세 가지였다.

첫째, 칭짱(青藏)공로.

칭하이성 꺼얼무(格爾木)에서 출발해 버스를 타고 라싸까지 들어가는 길이다. 당시만 해도 철도가 깔리기 전이었다. 2003년 기준, 공식적으로 라싸로 들어가는 대중교통은 이 구간이 유일했다. 중간에 해발 고도 5,600m의 탕구라 패스를 넘게 되는데, 이 구간에서 고소 증세로 숨이 꼴딱 넘어간다는 경험담을 종종 들었다. 그래도 그나마 편한 길이라 대다수 여행객이 이 루트를 택했다. 환승없이 한번에 라싸로 갈 수 있는 것도 장점이었다. 버스비도 180위안(약 2만 3,000원)으로 저렴했다. 퍼밋 검사는 복불복이었다. 라싸에서 만난 여행객들 중에는 검문소에서 걸려 꺼얼무로 추방당했다가 다시 들어온 사람, 그냥 통과한 사람이 혼재했다. 공안이 생각나면 검사하고, 귀찮으면 패스했던 것으로 보인다.

둘째, 동부 티베트.

쓰촨성 청두에서 SUV를 대절해 라싸까지 치고 들어가는 루트다. 다만 2003년 기준으로 4박 5일 여행하는데 우리 돈 200~300만 원 정도가 들었으니, 가난한 배낭여행자들은 언감생심이었다.

히치하이크할 때 모래바람을 막기 위해 덮어쓴 망토

하지만 동부 지역에는 각 도시를 잇는 버스 노선이 제법 많았다. 따라서 여러 차례 환승하며 라싸까지 진입하는 게 불가능하진 않았다. 문제는 검문이었다. 이 지역은 티베트 전역에서 가장 검문이 삼엄했다. 도시마다 검문소가 있었고, 중간에 불심검문도 무시로 이뤄졌다. 물론 이 구간을 뚫고 들어간 여행객도 없진 않았지만, 그야말로 천운이었을 뿐 대다수는 꼼꼼한 신분증 검사에서 걸러지곤 했다. 그래서 이 구간을 통해 라싸로 진입하는 이는 거의 없었다.

마지막은 서부 티베트.

카슈가르에서 예청(叶城)을 통해 서부의 관문도시 아리(阿里)로 진입한다. 이 구간은 아리를 통해 서부 티베트에 물자를 대는 화물 트럭이 줄을 잇는 곳이었다. 그 화물 트럭을 잡아타고 아리로 향하는 여행자가 간혹 있었다. 서부 티베트는 자연환경이 척박하고 인구밀도가 낮아 치안이 썩 좋지 않았다. 역설적으로 이게 여행객에게는 유리했는데, 퍼밋 검사 역시 그만큼 느슨했기 때문이다. 일단 아리까지 들어가는 데 성공하면 거기서는 내쫓으려 해도 내쫓을 방법이 없으니, '임시 허가증'을 끊어줬다.

나는 서부 티베트 루트를 택했다. 티베트 여정을 함께 했던 교주는 나와 동행하기 1년 전 이미 이 루트를 통해 티베트에 들어갔던 적이 있었는데, 그때 경험을 살려 내 길잡이가 되어 줬다.

아리로 들어가는 트럭을 수배하기 위해 카슈가르를 떠나 예청으로 향했다. 잠시 시내를 달리고 나니 다시 타클라마칸 사막이 펼쳐졌다. 바람이 제법 부는 날이었다. 메마른 황토가 날아올랐다. 창밖은 온통 누런색이었다. 누군가 담배를 피워 물었고, 누군가 창문을 열었다. 모래먼지가 들이쳤다. 모래먼지가 싫은 사람과 담배연기가 싫은 사람 간의 신경전이 벌어졌다. 결국 담배를 문 사람이 이겼다. 내가 졌다.

예청은 여행자에게 딱히 매력적일 게 없는 삭막한 마을이었다. 버스에서 내리니 어느새 해가 기울고 있었다. 서둘러 트럭 집결소인 '아바'로 향했다. 트럭만 구할 수 있으면 다음날 새벽이라도 마을을 뜰 생각이었다.

한담을 나누는 기사들을 붙잡고 "아리까지 태워줄 수 있나?" 물어봤지만 이상하게 묻는 트럭마다 거절이다. 교주는 "어차피 가는 길, 나름 쏠쏠한 용돈벌이인 터라 굳이 거절할 이유가 없는데…"라며 의아해했다. 그렇게 허탕을 치던 도중 공안이 들이닥쳤다. 오토바이를 타고 온 남자는 우리를 위아래로 훑어보더니 입을 열었다.

"트럭 타고 아리 들어갈 생각 마쇼. 그리고 여기 기사들! 이 사람들 태우면 뒷감당은 알아서들 해야 할 거요!"

교주와 나는 고민에 빠졌다. 현실적인 대안은 칭하이성으로 나가 꺼얼무 루트를 타는 것이었다. 하지만 이미 지나왔던 길을 그대로 돌아가고 싶지 않았다. 그때 한 남자가 다가왔다.

장(張) 씨는 자기를 전직 공안이라고 소개했다. 공안 생활이 싫어서 퇴직한 후 10인승 승합차로 아리를 오가며 승객을 실어 나르는, 헤이처(黑車, 불법 택시) 기사였다. 공안국에 줄이 있으니 자기와 함께 가면 통행증 검사도 필요 없다며, 두당 1,500위안(약 23만 원)을 요구했다. 녹아내릴 시간과 비용을 생각하면 차라리 장 씨의 차를 타는 게 나았다. 교주와 나는 흥정을 시도했다. 지루한 협상 끝에 결국 1인당 900위안에 합의를 봤다. 비록 예상했던 비용보다 훨씬 비쌌지만, 이제는 '얼마나 싸게 가느냐'가 아니라 '아리에 갈 수 있느냐'가 관건이었다.

협상을 마친 장 씨가 비장한 얼굴로 외쳤다.

"좋아! 이번엔 돈 못 벌어도 좋으니까 그냥 가자!"

…과연 못 벌었을까?

진 시몬스

일행은 총 6명이었다. 교주와 나, 장 씨, 장 씨의 여자친구, 아리에서 일하는 남편 만나러 가는 새댁. 마지막으로 무서운 얼굴에 무서운 화장을 하고 무서운 목소리로 무서운 말들을 마구 뱉어대는 여자가 한 명 있었다. 이 무서운 여자는 흡사 키스(KISS)의 베이시스트 진 시몬스를 보는 듯했다. 봉두난발에 시대를 앞서간 스모키 화장을 했고, 목소리는 로니 제임스 디오의 재림이었다.

✢

시몬스는 무서운 기세로 혼잣말을 내뱉으며 누군가를 욕했다. 새댁과 장 씨의 여자친구는 피곤한 기색이 역력한 와중에도 그녀의 날 선 목소리에 대답을 해주곤 했다. 중국 사람들이 낯선 이들과 대화에 거리낌이 없다는 건 알았지만, 이들의 내공은 보통이 아니었다. 시몬스는 다들 고산병에 쓰러져 사경을 헤매는 와중에도 홀로 에너지가 충만해 미친 듯이 샤우팅을 이어가며 내 머리를 쪼개 놓았다.

차는 저녁 8시에 출발했다. 북경 표준시와 시차 때문에 날은 여전히 훤했다. 짐칸이 따로 없어 비좁은 차량 복도에다가 짐을 쌓으니 뒷자리에 앉은 사람은 밖으로 나가지도 못한다. 출발에 앞서 좌석을 점검하던 장 씨가 한 마디 했다.

"원래 이 차에는 10명을 꽉꽉 채워야 되는데, 이번엔 7명밖에 못 태우니 차가 불쌍하다."

나도 모르게 "지랄한다." 소리가 입 밖으로 흘러나왔다.

아바를 떠난 밴은 10분 만에 타클라마칸 사막에 들어섰다. 강한 모래바람이 시야를 뿌옇게 흐려놓는 동시에 잘 닦인 아스팔트를 쓸어 그림을 그려대고 있었다. 한 시간 정도 달렸을까? 어느새 사막이 끝나고 산길로 접어들었다. 장 씨는 "이제부터 계속 올라간다."며 씩 웃었다. 파미르 고원의 끝자락, 톈산산맥을 타고 히말라야 산맥으로 진입하는 험로에 진입한 것이다.

황량한 황무지에 들쭉날쭉한 돌산이 이어졌다. 도로라고 부를 수도 없는 시골길 위를 달리는 밴은 쉴 새 없이 덜컹거렸다. 흔들거리는 차 안에 쪼그리고 앉아 진동을 온몸으로 받아내자니 여간 불편한 게 아니다. 어느 정도 산을 오른 후 창밖을 내다보니, 반대편 길로 내려가는 트럭 헤드라이트가 긴 줄을 이루고 있었다. 장 씨는 아리와 예청을 잇는 관문이 열흘에 한 번 열린다고 했다. 검문 때문이라고 했는데, 공산당이 주장하는 '하나의 중국' 안에서 국경 넘는 경험을 하게 될 줄은 몰랐다.

"덕분에 물류 트럭들은 저렇게 날짜를 맞춰 집결했다가 한 번에 대규모로 이동해야 하지."

꼬불거리는 길을 타고 넘는 승합차는 규칙적으로 덜컹거렸다. 어느새 그 리듬에 적응했는지 시야가 흐려졌다. 헤드라이트 행렬이 부옇게 번졌다.

✥

첫 번째 휴식처는 마자르(Mazar)라는 곳이었다. 마을이라고도 할 수 없는, 구멍가게를 겸한 식당 두어 개와 정비소, 초대소(여관) 한 군데가 전부인 작은 동네였다. 장 씨는 이곳에서 밥을 먹고 간다더니, 차량 옆에 붙어 엔지니어와 수다를 떨기 시작했다. 지난밤 사이 터져버린 타이어를 고쳐야

했다.

아직은 신장 지역이라 그런지 사람들 행색은 위구르 족 전통복장이었다. 동네를 둘러싼 산은 척박했고, 흑갈색 그림자가 드리워 을씨년스러웠다. 하늘을 가늘게 가로지르는 까마귀가 간간히 적막함을 깨뜨렸다. 하지만 그놈이 땅에 내려앉았을 때, 적막함은 공포로 바뀌었다. 내가 알던 까마귀는 참새였다. 놈들 날개 길이는 내 키에 필적했다. 이건 독수리인지 까마귀인지 당최 구분이 되지 않았다.

장 씨와 엔지니어의 수다 때문인지, 기술 문제인지 알 수 없으나 정비 시간은 점점 길어졌다. 차에서 육포로 대충 때운 끼니가 부실해 식당을 찾았다. 얼핏 들여다본 메뉴판에 적힌 음식값은 산 아래의 세 배 정도였다. 수중에 있던 현금은 2,000위안이었다. 분실 위험 때문에 현금은 쓸 만큼만 지니고 있었다. 필요한 돈은 라싸에 들어가서 찾을 생각이었다. 서부 티베트 교통 상황과 불확실한 일정을 고려하면 돈을 아껴야 했다. 당시 환율로도 불과 몇 천 원에 불과한 돈이었지만, 평소 지출의 두세 배가 한 끼 식사에 날아간다는 생각에 등골이 서늘했다.

교주와 함께 밥을 먹고 있는데 시몬스가 들어왔다. 우리를 본 그녀는 빙그레 웃더니 묻지도 않고 우리 식탁에 앉았다. 혼자서 음식 세 개를 시킨 그녀는 신들린 듯한 젓가락질을 보여주며 특유의 고함 소리를 이어갔다. 놀랍게도 음식은 튀지 않았는데, 덕분에 그녀와 대화가 가능했다.

"장 씨하고 나는 예전에 사귀었어."

밥을 먹다가 그대로 얼어붙었다. 나와 교주는 장 씨와 애인, 그리고 전 애인이 동행하는 차에 올라탄 것이었다. 막장 드라마를 현실에서 보는 느낌이랄까? 나는 어찌할 바를 몰랐다. 하지만 일행은 멘털이 터진 나와는 다른 세상에 있는 듯했다. 시몬스와 장 씨의 애인은 차를 수리하는 동안 둘이 마주 앉아 깔깔거리며 웃고 떠들었다. 그런 두 사람을 보는 장 씨는 사람 좋은 웃음을 짓고 있었다.

수리를 마친 밴은 다시 덜컹거리며 산길을 올랐다. 몇 시간을 더 달리니 어느 순간 머리가 빠개질 듯 아파오고 숨쉬기가 힘들었다. 가슴을 쥐어짜는 듯 답답했고, 수시로 욕지기가 치밀어 올랐다. 고산증이었다. 주위를 보니 다들 자유분방하게 널브러져서 신음을 흘리는 와중에, 시몬스만 멀쩡해서 목청껏 떠들어대고 있었다.

'저 입을 재갈로 틀어막아 버리고 싶다.'

시몬스가 소리 지를 때마다 뒤통수 어디쯤에서 종소리가 들렸다.

❖

저녁 무렵이 되자 차는 '악사이 친' 지역에 진입했다. 티베트 고원에 있는 인도-중국 국경 분쟁 지역 두 군데 중 한 곳이다. 중국은 카슈가르 시 예청 현 부속으로 주장하고, 인도는 라다크 연방 직할지로 주장한다.

20세기 초 영국은 청조 말엽의 혼란을 틈타 식민지였던 인도 북부에 이른바 '맥마흔 라인'을 선포하고 이 지역을 점령했다. 이후 1950년에 중화인민공화국군이 티베트를 강제 편입하면서 맥마흔 라인을 무효로 선포했다. 중국은 이 지역에 대한 영유권을 주장하며 초소를 세우고 도로를 까는 등 실질적인 점유권 행사에 나섰다. 당연히 인도 측도 가만히 있지는 않았다. 초소를 증설하고 병력을 증강하며 맞대응했다.

일촉즉발의 상황이 이어지던 1962년, 중국의 선공으로 결국 전쟁이 벌어졌다. 인도군 1만 2,000명과 중국군 8만 명이 붙은 이 전쟁은 중국의 일방적인 승리로 끝났다. 중국은 악사이 친 지역에 실질적인 지배력을 펼치게 됐다. 그러나 인도 측은 여전히 중국이 이 지역을 불법 점유하고 있다고 주장하고 있으며, 경비대를 파견하고 있다. 지난 2020년 양국 군대가 짱돌과 몽둥이로 치고받고 싸워 수십 명의 사상자를 낸 '갈완 계곡'이 바로 이 지역에 있다.

"여기가 1962년에 중국과 인도가 한판 붙은 곳이야. 아마 너희가 여기 와본 첫 번째 한국인일걸?"

장 씨가 가리킨 곳에는 중국군 기지였던 건물 폐허가 보였다. 건물 반대쪽에는 중국 측에서 세운 위령비가 솟아있었다. 두어 발자국만 내딛으면 심장이 터질 것 같은 이곳에서 무슨 수로 전쟁을 할 수 있었을까?

❖

끝없이 뻗은 설산 아래 작은 호수들이 나타났다 사라지길 반복했다. 하늘은 눈이 시리도록 푸르렀다. 그 아래 나지막한 구릉들은 "내가 생긴 건 이래도 정수리가 해발 4,000m를 찌르고 있다."라고 웅변하듯 구름을 덮어쓰고 있었다. 산 중턱에는 야크들이 풀을 뜯고 있고, 티베트 영양이 차 바로 옆을 지나쳐 달렸다.

풍경에 취해, 두통에 지쳐 넋을 놓고 창밖만 쳐다보고 있는데 갑자기 차가 섰다. 고산증과 불편한 자리에 계속 짜증 내는 여자친구를 달래주기 위해 장 씨가 차에서 내렸다. 장 씨는 갑자기 슬리퍼를 벗어던지더니 황무지 이곳저곳을 뛰어다니며 마못을 잡으려 들었다. 본인 스스로도 고산증 때문에 헐떡이던 사람이 무모하기 짝이 없다. 아니나 다를까

중인전쟁 전사자 위령비

장 씨는 몇 발자국 못 가 가슴을 부여잡고 쓰러졌다. 한동안 숨을 몰아쉬던 장 씨는 도저히 안 되겠다고 판단했는지, 교주에게 핸들을 맡겼다.

"나 장롱 면허인데?"

황당해하는 교주에게 장 씨는 염려말라며 씩 웃었다.

"걱정 마, 여기선 네가 죽자고 밟아도 들이받을 나무도 없고, 떨어져 죽으려고 해도 떨어질 계곡도 없어."

설득력이 있었다. 교주는 처음에는 긴장한 기색이 역력했다. 차는 비실거리며 힘들게 나아갔고, 승객들은 놀이공원 코끼리 열차에 탄 기분을 느꼈다. 10분쯤 지나 운전이 익숙해진 교주가 모는 차는 제법 자동차같이 달리기 시작했다. 장 씨는 1시간가량 죽은 듯이 쓰러져있다가 일어났고, 차는 다시 질주했다. 긴장된 시간을 지나서인지 승객들 컨디션은 엉망이었다. 모두가 미간을 찡그리고 고개를 처박고 있는 와중에 시몬스만이 여전히 샤우팅을 이어갔다. 주먹이 부들부들 떨렸다.

장 씨는 밤 9시가 돼서야 차를 세웠다. 팔공초(Palgon-tso)라는 호숫가에 자리한 마을로 검문소가 하나 있었다. 그러나 군인들은 카드놀이에 빠져 통과하는 차량에는 신경도 쓰지 않았다. 마을에서 저녁을 먹은 후 차는 다시 출발했다. 장 씨는 새벽 2시 전에는 아리에 도착한다며 속도를 올렸다.

나도 교주도 몸 상태는 이미 한계였다. 기절하듯 잠에 빠졌다가 "도착한다."는 장 씨의 말에 눈을 떴다. 온몸이 푸들푸들 떨리고 경련이 일었다. 아무 생각도 할 수 없고, 단지 빨리 차에서 내리고 싶다는 생각만이 머리를 채웠다. 아리 진입로에 있는 마지막 검문소는 장 씨의 전화 한 통으로 검문도 받지 않고 통과했다. 드디어 티베트에 들어섰다.

위. 고산병으로 쓰러진 장씨, **아래**. 장씨 고산병의 원인이 된 마못

위. 티베트 고원의 야크떼, **아래.** 첫 번째 휴식처였던 마자르 검문소

웨이칸*

아무도 오라 한 적 없는 곳에서 친절을 바라는 건 욕심일까? '사해동포(四海同胞)'라는 개념은 여행자의 눈을 가린다. 실상 여행은 종종 고행이나 다름없다. 그 과정 중에 무엇을 느끼고 남길 것인지는 개인의 선택이다. 불쾌한 경험만 남길 것인가? 아니면 그 경험을 통해 사유를 확장하려 노력할 것인가? 티베트에서는 유난히 그 선택을 자주 해야 했다.

✣

예청에서 출발해 아리까지 들어가는데 54시간이 걸렸다. 그동안 잠을 제대로 자 본 기억이 없다. 몸은 항상 구겨져 있었고, 호흡은 가빴다. 입맛이 없지만 살기 위해 억지로 음식을 목구멍에 밀어 넣었다. 그래서였을까? 긴장이 풀리니 몸살이 들었다. 고산증이 채 가시지 않은 상황에 몸살로 드러누우니 생지옥이 펼쳐졌다. 밥 먹으러 나갈 힘도 없지만, 동행한 교주를 봐서라도 억지로 몸을 일으켜야 했다.

"아리에 들어가면 일단 공안을 찾아가야 해. 가서 '데끼'라는 사람을 찾아서 '나 들어오긴 했는데 퍼밋이 없다'라고 하면 퍼밋을 끊어줄 거야."

공안국은 동네 파출소 같았다. 하지만 작은 규모와 달리 아리 공안국은 광활한 서부 티베트 전체를 관할하는 지청이었다. 데끼는 아리에서 유일하게 영어를 할 줄 아는 공무원이었다. 제법 지위가 있는 듯 사무실 안쪽 구석에 앉아 있었다. 작지만 다부진 체격, 눈이 유난히 초롱초롱한 30대 여자였다. 우리를 본 그는 씩 웃더니 별말 안 하고 퍼밋을 발급해줬다. 이제 라싸까지 가는 길이 열렸다.

티베트에는 대중교통이라는 개념이 없었다. 따라서 어디론가 가려면 차를 대절하거나 히치하이크를 해야 했다. 개별여행자들은 보통 물류 트럭을 수배해 이 지역에서 저 지역으로 넘어 다니곤 했다. 나와 교주, 해랑도 마찬가지여서 매일 트럭 집결지로 가서 자다(구게 왕국 유적)로 가는 차를 찾았다.

"1인당 500위안"

데끼가 소개해 준 우체국 트럭 기사는 눈을 까불며 배짱을 부렸다. 공무원이 대놓고 부업을 하는 현장이었다. 지금 생각하면 이상하지만, 공안인 데끼는 그저 우리에게 미안해할 뿐 공무원의 일탈을 못 본 체했다.

몸도 마음도 엉망인 상태였지만, 여행 카페에서 정보를 얻을 수 있을까 싶어 PC방에 들어섰다. 놀랍게도 그 오지에 PC방이 있긴 있었다. 포털 사이트에 로그인하려고 계정, 비번 넣고 라면 하나 끓여 먹고 나면 로그인이 되는 사양이었지만.

열두어 살 정도 돼 보이는 장족 아이들은 그 열악한 환경에서 담배를 피워가며 게임에 열중하고 있었다. 로그인이 됐고 검색을 시작하려는데, '우당탕'하는 소리가 났다. 돌아보니 뒷자리에 앉아있던 꼬마가 땅바닥에 쓰러져 부들부들 떨고 있었다. 눈이 돌아가고 입에서는 거품이 부글거렸다. 간질 발작이었다. 혀를 깨물까 봐 다급히 옆에 있던 걸레인지 행주인지 알 수 없는 무언가를 입에 물렸다. 아이는 놀라운 힘으로 행주와 내 손가락을 함께 깨물었다. 손가락이 잘려나갈 것 같았다. 깜짝 놀라 아이의 상악과 하악을 잡아 벌렸지만 요지부동이다. 손가락이 잘릴지, 아이의 숨이 넘어갈지 모르는 정신없는 시간이 지나갔고, 다행히 발작이 잦

아들었다. 그제야 주위가 눈에 들어왔다. 멍청한 눈으로 입을 헤벌린 사람들이 내 주위를 둘러싸고 구경(웨이칸, 圍看) 중이었다. 어처구니없는 표정의 나를 본 사람들은 슬금슬금 자리로 돌아가 다시 게임에 열중했다. 말로만 듣던 웨이칸을 직접 경험하고 나니 혐오스러운 감정이 스멀스멀 올라왔다. 루쉰(魯迅) 소설에 등장했던 '짱개'들은 여전히 존재했다.

---

*웨이칸
'둘러싸고 구경하다'는 뜻이다. 중국인의 극단적인 개인주의, 혹은 이기주의 성향을 나타내는 단어다. 지금이야 많이 '문명화(文明化)'되어 사라져가고 있다지만, 과거에는 실재했던 경향이다. 중국인들은 자기와 직접적인 관계가 없다면 불의, 타인의 불행에 둔감했다. 사람이 죽던 말던 그저 방관하고 지켜봤다. 19세기 중국의 대표적인 지식인, 소설가 루쉰(魯迅)은 이런 중국인의 비도덕적이고 반사회적인 경향을 소설을 통해 통렬하게 비판했다.

Highway to Hell

 길도 아닌 길을 따라 꾸역꾸역 아리로 들어간 이유는 서부 티베트의 비경을 보기 위해서였다. 서부 티베트는 불교 전승의 수미산(須彌山)이라는 성산 카일라스(Kailash)가 있는 곳이자 신비의 고대 왕국, 구게 왕국이 자리한 곳이다. '스탄'으로 시작하는 땅덩이들과 인접한 지역답게, 황량하고 거친 사막이 넓게 펼쳐졌다. 그리고 그 안에 마치 전설처럼 구게 왕국 유적이 자리하고 있다.

✥

 5시에 일어나 히치하이크하러 길을 나섰다. 새벽 어스름은 검푸른색이었다. 8월 말이었지만 고산지대 공기는 서늘했다. 척추를 따라 소름이 돋아났다. 아리에서 자다쪽으로 나가는 도로 길목에 배낭을 깔고 앉았다.

얼마 지나지 않아 바보짓이라는 걸 깨달았다. 차는 7시 반에 다니기 시작했으며, 해는 8시에 떴다. 트럭은 1시간에 한 대 꼴로 지나다녔는데, 물어보는 차마다 "거길 왜 가?"라는 답을 들었다. 9시가 되자 벽안금발 커플 한 쌍이 도로를 따라 걸어오다가 우리를 발견하곤 흠칫했다. 그들은 잠시 속닥거리더니 우리와 조금 거리를 두고 자리를 깔았다. 경쟁자가 생겼다. 10시에는 중국 아낙 한 사람이 짐 보다리를 바리바리 싸 들고 나타났다. 점입가경이다. 자다에 가려는 사람은 많은데 다니는 차는 없다.

정오까지 추위와 더위를 차례로 이겨내며 기다려봤지만 모조리 허탕이다. 히치하이크하러 나온 사람들은 경쟁도 포기한 채 한데 모여 해바라기씨를 까먹으며 놀고 있었다. 커플은 폴란드 친구들로 이름은 야쿱과 다리아였다. 야쿱은 신경질적인 눈매와 달리 서글서글한 성격의 호남이었다.

"카일라스산 다녀와서 구게 왕국까지 보고 가려고 했는데, 쉽지가 않네."

야쿱은 키득거렸고 그를 바라보는 다리아의 눈에는 꿀이 뚝뚝 떨어지는 듯했다. 한담이 오가는 와중에 웬 남자가 다가왔다.

자다로 가는 길에 탔던 SUV

"카일라스산 가오?"

남자는 SUV로 사람을 실어 나르는 운전사였다. 중국판 나라시, 헤이처(黑车)는 그 오지에도 있었다. 아니지, 거긴 그렇게 밖에 움직일 수 없는 곳이었다. 카일라스산은 구게 왕국 다음 목적지였다. 아리에서 발이 묶인 지 어느새 1주일째였다. '차라리 그냥 카일라스로 갈까?'하고 고민하던 와중에 미끼가 날아들었다. 덥석 물기 직전, 중국 아낙이 한마디 했다.

"어차피 빈 차면, 자다가는 사람이 이렇게 많은데 그냥 자다로 갑시다!"

중국인의 협상은 은근하고 지루했다. 두 사람은 무려 한 시간 동안 대화를 나눴다. 결국 기사는 우리 다섯 사람을 태우고 자다로 가기로 했고, 오후 1시경 우리가 탈 차를 끌고 왔다. 안에서는 차 문도 안 열리는 다 낡아빠진 고물 SUV였다. 5인승 차에 7명이 비좁게 끼어 타야하고, 트럭보다 100위안이나 비쌌지만, 7~8시간이면 자다에 도착한다는 기사의 말에 기분 좋게 올랐다. 그러나 이 차가 나에게 지옥을 보여 줄 줄은 몰랐다.

아리에서 자다까지는 250km 거리였다. 기사는 7~8시간을 얘기했는데, 오후 1시에 출발한 차는 다음날 아침 7시에 자다에 도착했다. 그 사이 15번 고장이 나 차의 어느 부위가 고장 날 수 있는지를 모조리 보여줬다. 새벽에 가로등은커녕 별빛도 없는 칠흑 속에서 기사가 길을 잃는 바람에 무려 6시간이나 황량한 사막을 헤매야 했다. 차는 길도 아닌 길을 달리느라 밤새 덜컹거리고 기우뚱거렸다. 몸이 수시로 튀어올라 천장에 머리를 박는 바람에 잘 수도 없었다. 5,600m 아일라 패스를 넘을 때는 외길 낭떠러지를 달렸는데, 절벽 쪽으로 차체가 기울어 모든 승객이 공포에 떨며 반대쪽으로 몸을 밀착시켜야 했다.

이건 고생담, 추억거리로 삼을 거리가 아니었다. 자다에 도착한 순간 모두의 분노가 폭발했다. 차에서 내리자마자 기사 멱살을 틀어쥐고 따졌다.

"분명히 네 입으로 7~8시간이면 도착한다고 했지? 지금 몇 시냐?!"

"不知道(몰라)."

기사는 갑자기 뻔뻔해진 얼굴로 어깃장을 놓았다. 교주였는지, 해랑이었는지 기억이 나지 않는다. 화가 폭발한 누군가가 주먹을 말아쥐고 팔을 뒤로 당겼다. 그걸 본 기사가 갑자기 얼굴을 들이밀었다.

"때려라. 그리고 같이 공안국 가자."

사자후와 함께 주먹이 날아드는 순간 야쿱이 막아섰다.

"우린 비자기간 때문에 이 차라도 다시 타고 내일 중으로 아리로 돌아가야 한다. 미안하지만 여기서 끝내자."

다리아는 공포에 질렸고, 야쿱의 눈빛은 간절했다. 갈아먹을 듯이 기사를 노려보며 차비를 던져줬다.

"돈 많이 벌어라, XX야."

돈을 받아 든 남자의 표정이 돌변했다. 세상 사람 좋은 미소를 지은 그는 굽실거리며 말했다.

"나도 정말 미안하다. 내 탓이 아니다. 차가 고장 난 걸 어떻게 하냐."

구역질이 났다. 돈 앞에 한없이 비굴한 인간을 마주한 순간 혐오스러운 감정이 끓어올랐다.

중국에서 지내는 동안 돈 앞에 비굴한 중국인을 참 많이도 만났다. 덩샤오핑이 주창한 흑묘백묘론(黑猫白猫論)과 선부론(先富論)은 '돈만 벌면 아무래도 상관없다'라는 식으로 곡해됐다. 개인간에는 배려심 있고, 친절한 중국인도 돈 문제가 걸리면 다른 사람으로 변하곤 했다. 하물며 뜨내기를 상대하는 상인들은 오죽했을까?

자다 퇼링 사원의 초르텐(불탑)

천년왕국

척박한 고원의 사막. 풀 한 포기 자라지 않을 것 같은 이 곳에, 천년 전 화려한 불교미술을 꽃피웠던 전설의 왕국이 있었다.

❖

구게 왕국은 10세기 초 발흥해 수 세기 동안 서부 티베트 역사를 좌지우지했다. 역사상 가장 강력했던 몽골 제국의 침략으로 한때 분열했으나, 원나라 멸망 후 다시 티베트 서부를 통일했다. 이후 히말라야 서부와 인도, 중앙아시아 대륙을 연결하는 교역로를 틀어쥐고 지리적 이점을 활용해 지역의 패자로 군림하며 찬란한 불교 문화를 꽃피웠다. 그랬던 구게 왕국은 17세기 중반, 같은 티베트 계열 국가인 라다크 왕국에게 멸망했다. 이때 수도 차파랑(현재의 구게 왕국 유적)이 완전히 파괴된 채 오늘날에 이르렀다.

천년 간 찬란한 문화를 발전시켜 온 왕국이 하루아침에 폐허가 됐다는 사실, 그리고 그 폐허에 남아있는 불교 미술이 놀랍도록 수준 높고 아름답다는 사실은 호사가들의 흥미를 자극했고, 구게 왕국에 각종 서사를 갖다 붙였다. 특히 밀교에서 유래한 기괴하고 성적(性的)인 불화들은 이런 스토리텔링에 더없이 좋은 소재가 됐다.

티베트 밀교는 비슷한 밀교 계열 불교가 자리 잡은 일본에서 특히 큰 관심을 끌었다. 1980년대에 폭발적인 인기를 얻었던 〈공작왕〉, 〈3X3 아이즈〉 같은 작품에 이 요소가 그대로 드러난다. 특히 〈3X3 아이즈〉는 작품 속 배경과 작화에 티베트 풍경을 자주 차용했는데, 삼지안 파이의 기억 속 샴발라는 구게 왕국 폐허를 보자마자 만화의 장면이 곧장 떠오를 정도로 유사하다. 그러니 10대 초반 〈3X3 아이즈〉를 보며 할딱거렸던 내가 구게 왕국을 답사하기로 한 이후 얼마나 흥분했을지는 굳이 설명할 필요가 없을 듯하다.

✤

밤새 말도 못 할 고생을 한 후 SUV 기사와 드잡이까지 한 터라 몸과 멘털이 탈탈 털린 상태였지만, 4시간 정도 쪽

잠을 잔 후 이를 갈며 일어났다. 일어나자마자 세수도 양치도 생략하고 차를 알아보러 나섰다. 크지 않은 자다를 30분 정도 돌아다닌 후, 2~3일 안에 라싸로 가는 차량 두 대를 찾아냈다. 그중 한 대의 기사를 꼬셨다.

"어차피 내일모레까지는 차 세워두고 놀 거 아냐? 우리 태우고 차파랑(구게 왕국 유적) 다녀오면 부수입도 생기고 좋잖아?"

기사 입이 헤벌쭉 벌어졌다.

캄캄한 밤중에 지옥도를 달려오느라 몰랐는데, 트럭이 자다현을 벗어나는 순간 입이 떡 벌어졌다. 〈론니 플래닛〉은 이 지역 풍경을 '끝없이 펼쳐진 협곡, 그랜드캐니언을 연상케 한다'라고 묘사했다. 울퉁불퉁한 단층이 드러난 황토 계곡이 끝없이 펼쳐져 있고, 그 위로는 푸른 하늘이 뻗었다. 차파랑까지 가는 동안 지나는 계곡 사면에는 오랜 세월을 지나며 풍화된 건물 폐허가 점점이 박혀 있어 옛 영화를 짐작할 수 있다.

구게 왕국 유적은 정확하게 말해 왕성 유적을 가리킨다. 왕국은 약 700년 간 명맥을 이어갔다. 왕성은 차파랑의 황토산 자락에 처음 조성됐다. 이후 700년 간 끊임없이 왕궁, 사원, 주거지 등을 증축하면서 결국은 산 전체가 하나의 성

구게왕국 유적

채처럼 변화했다. 그러다 보니 건물의 옥상이 다른 건물의 입구와 이어지는 등 복잡하고 기괴한 외관을 갖추게 됐다. 튀르키예 카파도키아 지역의 우치히사르 성채가 비슷한 구조다.

구게 왕국 유적에 입장하려면 무조건 가이드를 대동해야 했다. 초로의 현지인 가이드가 한 명 따라붙었으나, 이 사람이 할 줄 아는 영어는 "This is XXX."가 전부였다. 설상가상으로 가이드는 유적 중턱에서 고산병으로 퍼져버렸고, 돌더미에 주저앉아 알아서 다녀오라고 손을 내젓는 기가 막힌 상황을 보여줘 우리를 웃겼다. 고산병에 걸린 티베트 사람이라니… 하지만 덕분에 원하는 만큼 돌아 볼 수 있었으니 딱히 손해보는 장사는 아니었다.

유적은 전혀 관리가 되지 않고 있었다. 전등은커녕 촛불도 하나 없어서 무너진 벽이나 돌틈으로 새어 들어오는 햇빛에 의지해 어두운 공간을 뚫어져라 쳐다봐야 했다. 설명이나 해설을 해놓은 자료도 전혀 없었다. 내가 있는 곳이 어디인지도 모르겠고 벽화와 불상은 어두워서 잘 보이지도 않았다. 지금도 마찬가지지만 불교미술에는 문외한이었다. 따라서 내가 보고 느낄 수 있는 감상은 한정적일 수밖에 없었는데, 그럼에도 어렴풋이나마 보이는 벽화 수준은 둔황에서 봤던 것보다 훨씬 정교하고 아름다웠다. 구게 왕국이 인도와 교역로로 번성했다던데, 과연 그 흔적을 엿볼 수 있다.

정작 내가 구게 왕국 유적에 흥미를 느낀 건 다른 부분이었다. 유적은 롤플레잉 게임 던전을 보는 듯했다. 좁고 구불구불 이어진 길을 따라가면 연이어 작은 문을 지나 방으로 들어가게 된다. '동궁(冬宮)'이라 이름 붙은 방에 들어가는 길은 90도에 가까운 경사의 계단으로 이어졌다. 왕궁 하부의 일반인 거주 구역은 쇠줄을 붙잡고 내려가 허리를 숙이고 기어다녀야 돌아볼 수 있었다. 시커먼 공간을 더듬어 가다가 문득 으스스한 벽화라도 마주칠 때면, 밤길에 도깨비라도 만난 양 흠칫 놀라곤 했다. 유적 정상에 위치한 방에 올랐더니 구게 왕국 유적 복원도를 하나 걸어놨다. 집 위에 집이 있고, 기묘한 각도로 배치된 건물들이 교차하는, 지브리 애니메이션에서 종종 봤던 퍼즐 같은 마을이었다.

두 시간 남짓 헤매고 나와서 올려다본 유적의 모습은 경이로웠다. 황량한 협곡 사이에 선, 이제는 풍화되어 가루같은 토사를 흩날리고 있는 거대한 유적은 전장에서 숨을 거둬가는 장수를 보는 듯했다. 육중한 성벽 곳곳이 부서지고 무너져 내린 모습은 도검에 찢겨나간 갑옷 같았다.

유적을 떠나면서 '꼭 다시 와야겠다'라고 다짐한 순간이 어느새 20년이 지났다. 신장 위구르 자치구와 시장 티베트 자치구에 대한 중국 정부의 봉쇄정책은 아마 변하지 않을 듯하다. 문득 '내 생전에 다시 가 볼 수 있을까?'싶은 생각이 들며 우울해졌다.

시바의 땅

카일라스산은 불교, 힌두교, 뵌교 삼대 종교의 성지다. 힌두교에서는 시바 신이 사는 땅으로 여긴다. 불교 전승의 '수미산'으로 여겨지며, 불교 우주관에 따르면 세계의 중심에 있는 산이다. 티베트 불교에서 가장 중요하게 생각하는 성산이며, 라싸와 함께 평생에 한 번은 순례해야 할 성지로 여긴다. 다만 최근에는 달라이라마가 수미산 우주론에 대해 부정적인 견해를 내보이는 등, 신화와 현실을 연결하는 비과학적 사고방식에 대한 회의적인 시각이 늘고 있다. 2015년에 개봉한 〈영혼의 순례길〉을 보면 참도에 사는 세 가족이 라싸를 거쳐 카일라스까지 순례하는 여정이 나온다.

다르첸은 카일라스 코라의 기점이자 종착점이다. 티베트 사람들은 성지를 중심으로 시계방향으로 도는 순례길을 걷는데, 이를 '코라'라고 한다. 약 42km 구간으로 보통 1박 2

일에서 2박 3일 일정으로 걷는다.

카일라스산(해발 6,638m)은 히말라야의 수많은 봉우리 사이에서 일견 대수롭지 않아 보이지만, 놀랍게도 아직 등반 기록이 없다. 사면이 깎아지른 절벽이라 등반 자체가 어렵기도 하지만, 불교, 힌두교, 뵌교의 성지이다 보니, 누군가 등반을 시도할 때마다 신도들의 강력한 반대에 부딪쳐 무산됐기 때문이다. 카일라스산은 사면의 독특한 모습으로도 유명하다. 특히 남면 한가운데를 길게 가로지르는 홈은 마치 산 정상까지 솟아오르는 듯한 모습 때문에 '천국으로 가는 계단 Stairway to Heaven'이라는 별명이 붙었다.

✣

천막 사이로 어슴푸레 햇살이 밀려들어 눈을 떴다. 코라 초반은 평탄한 길이 이어졌다. 하지만 기점인 다르첸의 해발 고도는 이미 4,800m다. 숨이 들고 날 때마다 허파에서 바람 빠지는 소리가 났다. 평지를 걷는데도 땅밑에서 누군가 내 다리를 잡아끄는 느낌이었다. 골초였던 교주와 해랑은 오히려 죽죽 앞으로 치고 나갔다. 나만 뒤에 떨어져 초라하고 힘겹게 그들의 발자국을 따라갔다.

카일라스 서면을 지나며 그 웅장한 자태에 감탄하고 있을 즈음, 화창하던 날씨가 갑자기 어두워졌다. 아래를 내려다보니 산 경사면을 타고 비구름이 미친 듯이 달려들고 있었다. 급하게 우산을 꺼내 썼지만 강한 바람에 우산살이 부러져 나갔다. 우박은 바람을 타고 옆으로 날아 온몸을 마구 두들겨댔다. 땀을 뻘뻘 흘리며 오르던 길이 순식간에 냉동고로 바뀌었다. 우박을 피해 쉬어가고 싶지만, 몸을 숨길 바위도 하나 없이 허허벌판이다. 재킷 후드를 뒤집어쓰고, 몸을 잔뜩 웅크린 채 꾸역꾸역 앞으로 나아갔다. 숨을 쉴 때마다 계속 풍선에서 바람 빠지는 소리가 났다. 산소가 부족한 탓이었는지 시야가 흐려지고 현기증이 났다. 계속 눈을 비비면서 길을 걸었다.

10분쯤 걷자 눈앞에 작은 텐트가 보였다. 천막 안으로 굴러들어가 밭은기침을 토해냈다. 땅바닥에 널브러져 곧 죽기 직전의 늙은 개처럼 거친 숨을 내뿜으니 천막 안 사람들이 모두 쳐다본다. 체면 차릴 여유도 없이 흙바닥을 뒹굴고 있으니 먼저 와있던 짐꾼이 씩 웃으며 따뜻한 차를 건넨다. 차를 마시며 숨을 돌리고 나니 거짓말처럼 날이 개이고 카일라스가 다시 그 얼굴을 드러냈다. 사방에 지옥도를 그려냈던 비구름은 어느새 산 너머로 도망가버렸다.

디라푹 사원에 들어서자 먼저 도착한 교주와 해랑이 나를 반겼다. 우박과 비에 흠뻑 젖은 옷은 사원까지 오는 동안 강렬한 햇살에 거짓말같이 말랐지만, 신발과 양말은 엉망이다. 난로가에 쭈그리고 앉아 양말과 신발을 말렸다. 때마침 한국 스님들이 텐트로 들어왔다. 가이드 격인 젊은 스님이 난로가에 앉길래 인사를 한 후 평소 궁금했던 티베트 불교에 대해 물어봤다.

"고려조까지 융성했던 우리나라 불교는 조선조에 들면서 선종과 교종으로 통합되며 수많은 종파들이 명맥을 잃고 유실되고 맙니다. 조선조 억불정책 때문이지요. 하지만 티베트에는 인도 후기 대승불교와 밀교 전통이 그대로 남아 모두 같이 공존하고 있습니다. 9세기 경 인도에 이슬람 왕조가 들어서면서, 승려들이 박해를 피해 미얀마나 스리랑카, 혹은 히말라야 북부로 옮겨오게 되지요. 그러면서 티베트에 인도 불교 각 종파가 그대로 유입되게 됩니다.

수많은 종파와 교리가 모두 공존하며 발전하던 티베트 불교지만, 사원 세력이 점차 강성해지자 서로 간 세력다툼이 일어나게 됩니다. 5대 달라이라마가 정권을 잡아 겔룩파 정권이 들어서기까지 물고 물리는 싸움이 이어지고, 정권도 이리저리로 넘나들게 되지요. 그러다가 5대 달라이라마 이후 겔룩파(황모파)가 정권을 잡아 현재에 이르게 됩니다. 권력을 잡은 종파는 세속에 대한 영향력을 확대하는 한편 교리를 함께 발전시키고, 그렇지 못한 종파들은 교리 쪽으로 더 깊이 파고들게 되고요."

강의를 듣던 중 떠들썩한 소리와 함께 인도 순례객들이 사원으로 들어섰다. 그중 휴게소에서 도움을 받았던 장족 짐꾼이 보였다. 이 친구도 신발을 말리러 난로가를 찾아들었고, 다시 이야기보따리를 풀었다.

"내 고향은 이 동네가 아니야. 봄부터 가을까지는 다르첸으로 와서 순례객들의 짐꾼으로 일하고, 겨울에는 고향으로 돌아가서 쉬어."

"중국어가 유창하네?"

"군대에서 배웠어. 시골 사람들은 할 일도 마땅찮고, 입은 줄여야겠어서 군대에 많이 가. 근데 여기서 입대하면 보통 양을 치거나 말을 키우고, 가끔 티베트 고원의 길을 닦는 공사에 동원되곤 해."

문득 총보다 삽을 더 많이 드는 우리네 보병의 현실이 겹쳐 보인 건 나뿐만은 아니었을 거다. 옆에서 듣던 교주와 해랑의 입꼬리에 미소가 걸려있었다. 낄낄거리는 우리가 재미있어 보였는지 순례객들 몇이 대화에 끼었다. 난로에 던져 넣은 장작은 조용히 타닥거렸고 사원의 밤은 깊어갔다.

위. 코라에서 만난 뵌교 신자, **아래.** 다르첸 마을

작은 성자들

 티베트 사람들은 카일라스산을 '영산(靈山)'이라 부른다. 삼대 종교의 성지라는 위명에 각종 전설과 서사를 품었고, 황량한 풍경과 접근이 쉽지 않은 지리적 요소는 이 산을 신비로운 산으로 치장하기에 충분했다. 그래서 서부 티베트에 가면 누구나 카일라스 코라를 돈다. 아니, 이 산에 오르기 위해 서부 티베트를 찾는다.

❖

 둘째 날은 5,600m 고지인 드롤마라 패스를 넘고 32km를 주파해야 했다. 디라푹 사원에서부터 드롤마라 패스까지 가는 5~6km 구간은 내내 가파른 오르막길이다. 고개를 하나 넘으면 또 다른 고개가 나타났고, 납 주머니를 찬 듯한

다리는 천근만근이었다. 두뇌와 다리를 연결한 신경이 끊어진 듯했다. 다리는 내 의지와는 상관없이 움직였고 꾸역꾸역 앞으로 나아갔다.

디라푹 사원을 지난 후부터 옆으로 펼쳐진 카일라스의 북면은 경이로웠다. 하지만 그 장엄한 풍경을 감상할 여유가 없었다. 걷는 시간보다 주저앉아 쉬는 시간이 더 길었다. 이정표에 기대어 거칠게 숨을 내뱉었다. 누군가 버리고 간 거울에 비춰보니 얼굴은 새하얗게 질렸고, 입술은 모조리 부르텄다. 이대로 두고 가면 송장을 치를 것 같았는지, 코라를 돌던 장족 순례객들이 손을 내밀었다.

"가방 나한테 맡겨요. 꼭대기까지라도 내가 들어줄게요."

몸은 이미 한계를 넘은 듯했는데, 알량한 자존심이 발동했다. 남들 다 넘는 고개를 혼자 힘으로 못 넘는다는 상황이 비참했다.

"아뇨, 괜찮아요. 조금 쉬고 다시 가면 됩니다."

힘들게 웃어 보이며 이를 악 물고 걸음을 옮겼다. 꾸역꾸역 걷는 와중에도 코라 길을 따라 늘어선 무시무시한 규모의 **타르초**(불경을 써넣은 깃발, 티베트 사람들은 타르초가 바람에 나부낄

드롬마라 패스

때마다 경전을 한 번 읽은 것과 같다고 믿는다)가 눈에 들어왔다. 신심을 담아 신체 일부(주로 머리카락이나 옷가지)를 묶어 매단 타르초는 나름 장관이면서 동시에 기괴했다.

드롤마라 패스에 오르자 고개에서 쉬고 있던 장족 처녀가 생긋 웃었다. "여기가 드롤마라 패스예요."라며 내게 포도당 캡슐을 내밀었다. 고산증세와 체력저하로 정신이 몽롱한 상태였는데, 캡슐 하나로 채운 에너지 덕분에 정신이 돌아왔다. 살짝 미소 지은 처녀 얼굴에 후광이 비칠 정도로 고마웠다.

그러나 하산길도 역시 쉽지는 않았다. 코라 중간에 퍼질러 앉아 있었더니, 거대한 배낭을 메고 순례 중이던 장족 청년 하나가 자기에게 가방을 맡기고 같이 가자고 권했다. 다시 한번 자존심이 무너졌지만, 이 친구를 그냥 보냈다간 주툴푹 사원에 닿기도 전에 해가 넘어가겠다는 생각이 들었다. 염치 불고하고 가방을 맡긴 후 다시 길을 나섰다.

"나이는 서른이고, 의사입니다. 이번이 열세 번째 카일라스산 순례예요."

자기 배낭 위에 내 배낭까지 얹고 걷는데도 걸음이 어찌나 빠른지 맨몸으로도 따라가기 벅찼다. 덕분에 드롤마라 패스에서 까먹은 시간을 상당히 만회할 수 있었다. 이 친구와 같이 코라를 도는 동안 계속해서 등에 포대를 맨 장족 아이들을 만났다. 도대체 무엇하는 아이들인지 궁금해서 물어보니, 코라를 돌면서 사람들이 버려놓은 쓰레기를 수거하는 학생들이란다.

"힘들지 않아?"
"안 힘들어요. 이렇게 쓰레기를 주우면서 코라를 돌면 보람도 있고, 공덕을 쌓는 일이니까요."

그 아이들이 성자(聖者)였다. 기껏해야 열서너 살 남짓한 아이들이 자기 덩치만 한 포대자루를 무거운 쓰레기로 가득 채워 코라를 돌고 있었다. 비록 며칠을 씻지 못한 건지 알아볼 수도 없을 정도로 때가 꼬질꼬질한 얼굴들이었지만, 눈은 티 없이 맑았고, 미소는 싱그러웠다. 수줍게 "힘들지 않아요."라고 말하는 목소리는 아이답지 않게 차분했다.

❖

티베트 여행을 하면서 시도 때도 없이 내 가슴을 때려댔던 건, 삶의 원칙이 철저하게 신앙에 맞춰진 그들의 생활방식이었다. 적어도 겉으로 보이는 그들의 삶은 완벽하게 종교와 일치해 있었다. 혹자는 이를 종교에 예속된 수동적이고 무의미한 삶이라고 평가할지도 모르겠다. 공상과학영화에서 보던 시대에 반쯤 발을 걸치고 살아가는 21세기에, 시대를 역행하는 그들의 삶은 일견 답답해 보일 수도 있다. 달라이라마 역시 시대 변화에 따라 세속과 종교의 경계를 구분하고, 티베트 사람들이 새로운 삶의 기준을 정해야 한다는 담화를 여러 차례 발표했다.

하지만 적어도, 그것이 종교든 신념이든, 자신의 원칙을 정해놓고 수도하는 자세로 살아가는 이의 신실함을 폄하할 수는 없다. 그들이 살아가는 모습을 관찰하면 '숭고함'이라는 단어가 자연스럽게 떠오른다. 그 숭고함을 마주하면, 자연스럽게 '과연 나는 어떻게 살고 있는가?'라고 자문할 수밖에 없다.

위. 카일라스 산 주봉, **아래.** 드롤마라 패스 근처 타르초

위. 카일라스 코라 입구, 아래. 카일라스 코라 휴게소

라싸로 가는 길

티베트의 장거리 화물 트럭은 2인 1조로 운행한다. 시간을 아끼기 위해 운전사와 조수가 교대로 잠을 자며 운전한다. 운전석 뒤에는 공간을 터 간이침대를 놓는다. 운이 좋으면 조수석 남는 자리에 앉아서 편하게 갈 수도 있었다. 그래서 여행자들은 히치하이크 할 때 대형 트럭이 보이면 눈을 반짝이며 달려들었다.

✥

다르첸을 떠나 라싸로 향했다. 약 1,200km 구간을 히치하이크로 지나야 했다. 한번에 가는 차는 없었기에 방향만 같다면 아무 차라도 얻어 타고 조금씩 이동해야 했다. 그렇게 가던 길은 파양(帕羊)에서 막혔다. 도무지 차를 구할 수

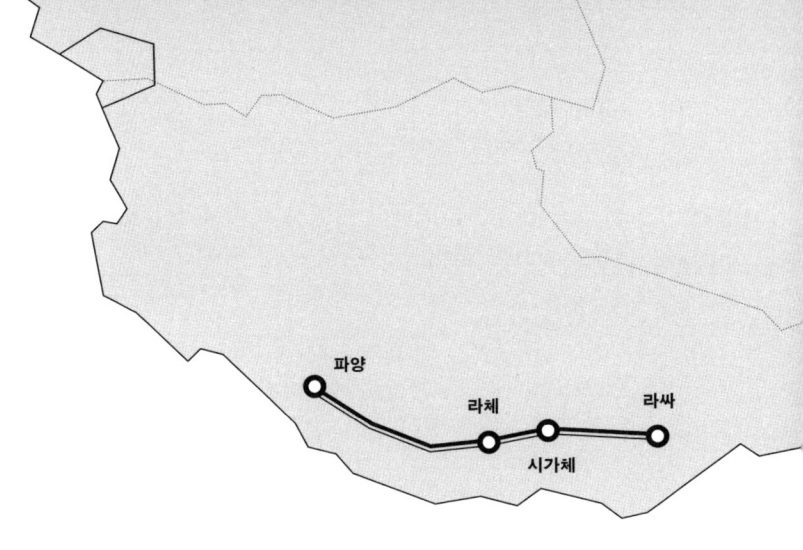

없어 아무것도 없는 작은 마을에서 발이 묶였다.

길고 지루한 기다림이 이어졌다. 요즘처럼 스마트폰이 있었던 것도 아니고, 시간을 때울 수 있는 수단이 없었다. 멍하니 앉아 있는 게 지겨워진 교주와 해랑은 공터로 나가 동네 꼬마들과 어울려 공을 차다가 가슴을 움켜쥐고 헉헉거리며 돌아왔다. 난 아직 그 정도로 이성을 잃진 않았기에 끌끌거리며 그들을 놀렸다.

간간히 지나는 트럭이 있었지만 어디 갔다 놔도 부끄러웠을 내 몰골 탓인지 기사들은 손사래를 치기 일쑤였다. 생각해 보니 과히 유쾌하지 못한 모양새의 남자 셋이 "차 좀 태워주겠소?"하고 묻는데, 선뜻 태워주는 이가 보살이다. 너무 늦게 깨달았지만…

사흘 만에 라싸로 간다는 트럭이 나타났다. 파양에 화물을 배송하고 라싸로 돌아가는 차였다. 일흔은 족히 돼 보이는 왕(王) 씨 노인과, 30대 초반의 꺼벙하고 방정맞아 보이는 조수가 모는 화물 트럭이었다. 노인은 내 중국어를 듣더니 신기한 듯 말했다.

"젊은 친구가 중국어 공부한다니 기특하구먼, 어차피 빈 차로 돌아갈 차니까 내 라싸까지 그냥 태워주지."

아리에서 자다, 다르첸을 지나 파양까지 가는 동안 인간성의 바닥을 골고루 구경한 터였다. 예상치 못한 친절에 나도 모르게 울컥했다. 당장 출발해야 한다는 왕 노인의 말에 고개 숙여 감사를 표하고 허겁지겁 차에 올랐다.

트럭은 거대했다. 짐칸은 승용차를 서너 대 올려도 공간이 남을 정도였다. 운전석도 넓었고, 보조석 또한 두 자리였다. 그래서 우리 셋은 한 사람씩 교대로 운전석에 앉아갈 수 있었다. 안전장치도 없이 덜컹거리는 짐칸에 짐짝처럼 실려 다니다 보니, 이 정도도 사치스럽게 느껴졌다. 입이 귀에 걸린 우리를 싣고 트럭은 파양을 떠나 라싸로 향했다.

"내일모레 중추절(추석)까지는 라싸에 들어가야 해, 가족과 명절을 보내고 싶거든. 그러니 교대로 운전하면서 밤새 달릴 거야."

말이 통하는 내가 이들의 환심을 사기 위해 가장 먼저 조수석에 앉았다. 차가 달리기 시작하고 한 시간쯤 지나니, 왕 노인이 물었다.

"자네, 중국 여행 와서 얻은 성과가 뭔가?"

갑자기 훅 들어온다.

"뭐… 다양한 사람들을 만나서 중국인을 조금 더 이해하게 됐고, 상상도 못한 풍경을 보고 안목을 넓힌 정도랄까요?"

그러자 왕 노인은 이내 '쯧' 하고 혀를 차더니 말했다.

"자네 여행 허투루 했구먼. 티베트에 와서 저 산들을 봤으면 산 밑에 묻혀있을 광산을 개발해서 돈 벌 생각을 해야지. 돈이 없으면 늙어서 아무것도 아니야."

중국인의 전통적인 배금주의는 유명하다. 사고방식 차이와 가치관 차이를 들어 반박하고 싶었지만, 자기 말에 절대적인 자신감을 보이는 왕 노인 얼굴을 보니 소귀에 경 읽기일 듯 싶었다.

"그리고 자네, 수염이 그게 뭔가? 중국 가정 법도에는 위에 부모님이 살아계시면 나이 80이라도 수염을 못 길러!"

된통 걸렸다. 티베트 고원에서 이런 꼰대를 만나게 될 줄이야.

한참 차를 달리다 보니 허허벌판 한가운데에 성견이 채 못 된 제법 큰 강아지 한 마리가 비틀거리며 헤매고 있었다. 운전대를 잡고 있던 조수가 갑자기 차를 세우더니 놈을 잡아 짐칸에 실었다.

"이대로 두면 죽을 거야."

따뜻한 인간미에 뭉클해졌고, 슈퍼 꼰대 왕 노인의 타박은 한 귀로 흘릴 수 있었다. 그러나 나중에 들은 바로는 티베탄 마스티프 견종은 티베트 외부로 나가게 되면 대단히 비싼 값에 팔린다고 했다. 조수의 마음씀씀이는 측은지심보다는 돈이 목적이었을 거라는 의심이 강하게 들었다. 강아지를 짐칸에 올리는 조수는 분명히 휘파람을 불고 있었다.

트럭이 다시 움직이기 전 해랑과 자리를 바꿨다. 출발한 지 한 시간쯤 지나자 갑자기 비가 내리기 시작했고, 징그러운 추위가 찾아왔다. 추위에 떨면서, 딱딱한 폐타이어 위에서 졸다 깨다를 반복하다 보니 어느새 날이 밝았다. 햇빛을 쬐니 몸이 조금씩 풀렸다. 왕 노인은 중추절 전에는 반드시 라싸에 들어가야 한다며 밥 먹을 시간도 아껴 차를 몰았다. 빨리 가는 건 좋지만 하루 종일 트럭 위에서 시달리다 보니 컨디션은 점점 나빠졌다.

어쨌거나 차는 사가(薩嘎)를 지나 라체(拉孜)에 가까워지고 있었다. 길가의 산은 어느새 서부 티베트의 황량한 황토산이 아닌, 푸른 녹음이 덮인 둥글둥글한 구릉으로 변했다. 가장 큰 변화는 유목민들 천막은 더 이상 보이지 않고, 흰색 벽에 적갈색 지붕을 올린 티베트 전통 가옥이 들어선 마을이 보이기 시작한 것이었다. 서부에 비해 상대적으로 강수량이 많은 기후 때문인지 중부 창(Tsang) 지역 사람들은 대부분 마을을 이뤄 모여 살면서 보리농사를 짓는다. 티베트 사람들 주식인 짬파의 재료, 청과맥(青顆麥)이다. 그리고 이 청과맥에는 티베트 사람들의 피와 눈물이 서려있다.

✥

장개석의 국민당 정권과 싸워 이긴 모택동의 중국 공산당은 결국 1949년 중국을 통일했다. 모택동은 절대권력이

자 종교에 버금가는 숭배 대상으로 자리매김했다. 권력에 취한 모택동은 점점 미쳐 날뛰기 시작했다. 한나라 이래 중국 역대 왕조들의 강역에 한 번이라도 속했던 지역은 모두 중국의 강토라는 논리에, 무산자를 해방시킨다는 공산당 논리가 더해져 중국은 들불처럼 영토를 넓혀갔다. 그 과정에서 티베트 역시 중화인민공화국 서장 티베트자치구로 편입됐다.

몽골제국 이래 역사상 가장 넓은 영토를 확보한 중국은,

그러나 여전히 가난했다. 1958년, 모택동은 국가 산업 체질을 농업에서 중공업으로 바꿔야 한다는 판단 아래 이른바 '대약진운동'을 개시했다. 모택동은 정신 나간 주장을 했다.

"자본주의 진영 1등은 미국, 2등은 영국이고, 공산주의 진영 1등은 소련, 2등은 중국이다. 그러니 중국이 영국의 생산력을 추월하면 공산주의의 우월함을 증명할 수 있다."

천안문 광장의 경찰

사람들은 '인민공사'라고 부르는 집단농장에 소속돼 일했다. 공산당은 농업 생산성을 높인다는 명목으로 벼 재배를 강제했다. 이 과정에서 몰상식하고 비과학적인 경작 방식을 강요해 1960~1961년 사이 대기근이 들었다. 그 결과 무려 2,500만 명이 굶어 죽는 참사가 벌어졌다.(공식 발표가 이 정도고, 실제로는 5,000만 명 이상이 죽었을 것으로 추정하기도 한다.)

"저 새는 해로운 새다."

모택동의 한 마디에 참새의 씨를 말리려 든 바람에 해충이 창궐해 농사가 쫄딱 망한 탓이었다. 티베트 역시 마찬가지였다. 중국 정부는 티베트 고원에서 유일하게 경작 가능한 작물이었던 청과맥을 생산성이 떨어진다는 이유로 재배를 금지했다. 그 자리에 심은 벼는 말라 죽었다. 결국 셀 수 없이 많은 티베트 사람이 굶어 죽었다.

왕 노인의 트럭을 타고 가로지른 중부 티베트 고원은 시선 닿는 곳 끝까지 황금빛 벌판이 뻗어있었다. 청과맥은 과거의 아픔을 이겨내고 탐스럽게 결실을 맺어 수확을 기다리고 있었다. 추석이 하루 남은 날이었다.

천안문에 걸린 모택동 초상

강도는 누구인가?

중국인에게 공짜는 없다.

❖

 중부 지역은 라싸와 가까운 탓에 그나마 도로 같은 길이 나 있는 곳이었다. 포장도로를 만난 트럭은 폭주했다. 짐칸이 비어 가벼워진 트럭은 사정없이 덜컹거렸다. 짐칸에 탄 나와 교주는 그 진동을 온몸으로 다 받아내야 했다. 허기가 심해지니 고산증이 다시 도졌다. 속을 게우고 싶어도 쓴 물만 올라왔다. 트럭 난간을 붙잡고 고개를 처박은 채 그저 짐짝처럼 실려 다녔다.
 라체에 닿기 직전, 나지막한 산을 하나 넘을 때였다. 산꼭대기에 고장 난 트럭 한 대가 길을 막고 서있었다. 장족 남자 열댓 명이 트럭 근처에 앉아 있다가 우리 차를 보고 손을 흔들어 세웠다.

"라싸까지 가오? 차가 퍼져서 그런데, 우리도 좀 태워주겠소?"

한 남자가 조수에게 묻는 말이 희미하게 들렸다. 조수가 대답도 하기 전에 남자들은 이미 난간을 붙잡고 트럭에 오르고 있었다.

"1인당 500위안, 싫으면 말고."

조수가 터무니없는 가격을 부르더니 갑자기 액셀레이터를 있는 힘껏 밟았다. 트럭은 굉음과 함께 튀어 나갔다. 난간을 오르던 남자들은 예기치 못한 상황에 깜짝 놀라 손을 놓고 뛰어내리거나 굴러떨어졌다. 조수는 30분 정도 미친 듯이 질주하더니 길가에 차를 세우고는 짐칸을 살폈다.

"괜찮냐? 절대로 차에서 떨어지지 마라."

떨리는 목소리로 당부한 그는 부리나케 트럭을 몰았다. 트럭은 오후 6시경 라체에 도착했다. 라체는 서부에서 중부 티베트로 진입하는 관문 도시였다. 도시라고는 하지만 우리나라 시골 읍내를 보는 듯 아담한 마을이었다. 근 보름 동안 마을이라 부르기 어려운 곳들만 지나온 터라 제법 구색을 갖춘 마을을 보니 반가웠다. 무엇보다 라체에는 식당이 여러 개 있었다.

그런데 이때부터 분위기가 이상해지기 시작했다. 왕 노인은 우리에게 함께 밥을 먹으러 가자고 하더니, 식당에서 제일 큰 자리에 앉았다. 그리고는 나에게 음식을 주문하라 명령하더니, 조수와 함께 가서 담배를 사 오라고 했다.

'이게 무슨 개소리야? 네 담배를 왜 내가 사러 가?'

왕 노인은 딱딱하게 굳은 얼굴로 거듭 담배를 요구했다. 조수와 함께 가게에 들어갔더니, 가장 비싼 담배를 덥석 집고는 계산도 안 하고 나가버렸다. 순간 뒷골이 지끈거리면서 상황이 파악됐다.

"많이 드시죠. 이건 우리가 살게요. 차비도 안 받는데, 이 정도는 우리가 해야죠."

왕 노인의 얼굴에 화색이 돌았다. 노인은 지그시 눈을 감고는 흐뭇한 미소를 떠올린 채 크게 고개를 끄덕였다.

'이게 중국인의 예의인가?'

부아가 치밀었다. 이들이 먹어 치운 음식을 계산하기 위해 나뿐만 아니라 교주와 해랑도 전대 깊숙이 숨겨놓은 마지막 비상금을 탈탈 털어야 했다. 학생이라 돈이 없을 테니 차비를 안 받겠다고 해놓고는 담배와 비싼 음식을 갈취하며, 뻔뻔한 표정으로 거들먹거리는 역겨운 중국인이 내 앞에 있었다. 공짜를 좋아하지만 절대로 공짜가 없는 중국인에 대해서는 수차례 들었지만, 이렇게 만날 줄은 몰랐다. 너그러운 표정으로 차에 타라던 영감의 표정은 탐욕에 찌든 흉물로 바뀌어 있었다. 조수의 꺼벙한 표정은 어느새 사라지고, 음흉하고 교활한 기운이 얼굴에 가득했다. 치가 떨렸다. 방금 전까지 허기에 허덕이고 있었지만, 갑자기 체할 것 같은 기분이 들었다.

❖

"아까 만난 장족 남자들, 강도였어."

게트림을 하며 이를 쑤시던 조수는 놀라운 말을 했다. 눈치를 챈 조수가 말문을 막아버릴 생각으로 터무니없는 가격을 부른 다음 그대로 줄행랑을 놓은 것이었다. 허기에 지쳐

왕 노인의 트럭

반쯤 넋이 나가 있던 나와 달리 정신줄을 잡고 있던 해랑은 이 말을 듣고 기함했다.

"어쩐지 그놈들 본새가 이상하더라. 한 놈이 조수랑 말을 트자마자 나머지 놈들이 트럭을 빙 둘러싸고는 조심스럽게 기어오르기 시작하더라고."

장족 남자들은 모두 30cm 정도 되는 티베트 전통 도검을 패용한다. 장식품이 아닌 진검이다. 여전히 야크를 치며 유목생활을 하던 그들에게는 필수적인 공구였겠지만, 마음을 달리 먹으면 순식간에 인명을 앗아갈 수 있는 흉기였다.

"강도짓을 한 돈으로 독립운동을 한다는 산적들이 아직도 많아. 저런 외진 곳에서 잘못 만나면 여지없이 칼 맞고 저승 가는 거야. 트럭이야 산 밑으로 굴려버리면 찾지도 못하니까 위험하기 짝이 없지. 그래서 화물 트럭 몰고 이 길 다니려면 진짜 조심해야 해."

조수의 말을 듣고 나니 등골이 오싹했다. 서로를 쳐다보는 나와 교주, 해랑의 얼굴은 하얗게 질려있었다. 일제 식민지배의 상처가 유전자 단위에 각인된 한국인 입장에서 볼 때, 중국의 티베트 병탄이 어떤 느낌일지는 설명이 필요 없다. 그런데 막상 내가 그 현장 한가운데 던져졌고, 심지어 내 의사와는 상관없이 목이 날아갈 뻔한 상황이었다는 사실을 알고 나니 머리가 조각나는 듯했다. '눈먼 칼에 맞아 죽는다'는 말이 있다. 우리가 그 꼴이었다. 문득 이방인인 입장에서 이 이슈에 대해 왈가왈부하는 것 자체가 우스운 일이라는 생각이 들었다. 하지만 내 눈앞에서 우리의 쌈짓돈까지 쪽쪽 빨아먹고 있는 저 욕심 많은 중국인들을 보자니 더 치가 떨렸다. 과연 어느 쪽이 강도였을까?

✥

트럭은 밤새 얄룽계곡을 달렸다. 티베트인들이 '얄룽창포'라고 부르는, 인더스강과 갠지스강의 원류인 브라마푸트라강이 지나는 계곡이다. 얄룽창포강은 풍부한 수량으로 척박한 티베트 고원 한가운데를 적신다. 티베트 사람들은 이 강에 기대 보리를 재배한다. 티베트 사람들의 젖줄이다.

때는 우기였다. 라체를 지나 시가체, 라싸까지 닿는 내내 폭우가 쏟아졌다. 라체에서 라싸까지는 '우정공로(友谊公路 요이꽁루)'라는 도로가 닦여 있었다. 당시만 해도 티베트에서 가장 좋은 길이었다. 그러나 미친 듯이 퍼붓는 비에 수량이 불어 도로 곳곳이 유실됐다. 트럭은 때로 진창으로 변한 비포장 도로를 넘었고, 때로는 물보라를 일으키며 도로를 달렸다.

전날 구해준 강아지는 배은망덕하게도 우리 배낭에다가 오줌을 한 바가지나 갈겨놓고는 줄행랑을 쳐 버렸다. 우비를 뒤집어썼지만 얼마 못 가 속옷은 물론 배낭 안까지 몽땅 젖어버렸다. 라싸에 닿기 전 마지막 6시간은 뼛속까지 스며드는 추위에 떨어야 했다. 이틀밤을 꼬박 새우고, 라체에서 저녁을 먹은 한 시간을 제외하고는 내내 짐칸에 실린 딱딱한 폐타이어 위에 앉아 달렸다.

"작년에도 이랬으면 내가 이 길을 다시 왔을 리가 없지. 빌어먹을, 작년보다 네 곱절은 족히 힘들다. 내가 여길 왜 또 왔지…"

교주가 신음을 흘렸다. 비몽사몽간에 트럭이 멈춰 섰다.

시간은 새벽 6시, 눈앞에 포탈라궁이 서 있었다. 갖은 고생 끝에 닿은 라싸는 감동으로 다가왔다. 포탈라궁은 그 존재 만으로 공간을 압도했다. 걸레짝이 된 몸과 흐릿한 의식에도 그 장엄한 광경을 보자 나도 모르게 찔끔 눈물이 났다.

감상은 잠시, 왕 노인은 헛기침하며 또다시 돈을 요구했다. 주고 싶어도 속곳까지 털린 터라 줄 돈도 없었다. 노인의 못마땅한 시선을 무시한 채, 쓰레기처럼 변한 짐을 끌어안고 숙소를 찾아 터덜터덜 걸었다. 이른 아침부터 하루를 시작하던 티베트 사람들이 흠칫 놀란 얼굴로 우리를 쳐다봤지만, 아무래도 좋았다. 티베트에 발을 디딘 지 한 달 만에 라싸에 들어섰다.

포탈라궁

The Forbidden City

자기 땅에서 구경거리로 전락해 버린 사람들. 어떤 이는 카메라를 향해 화를 냈고, 어떤 이는 카메라를 향해 돈을 요구했다.

✤

라싸에 떨어진 새벽, 바낙숄 호텔에 여장을 풀자마자 씻지도 못하고 잠이 들었다. 오후 늦게 간신히 일어나 샤워를 하고 쓰레기로 변한 짐을 해체해 빨래한 후 늦은 점심을 먹었다. 숙소로 돌아와 잠시 멍하니 침대에 앉아 있다가 또다시 잠이 들었다. 눈을 뜨니 어두컴컴한 천장이 보였다. 낡은 목재 창틀을 비집고 들어온 햇빛이 싸구려 녹색 페인트를 발라놓은 거친 벽에 가느다란 선을 그어놨다. 어둠과 빛의 강렬한 대비 위로 먼지 입자들이 느리게 흘러 다녔다.

"끙…"

 신음 소리와 함께 몸을 일으켰다. 기지개를 켜고 마른세수를 하고 나니 정신이 들었다. 시계를 보니 정오였다. 내 달력에서 이틀이 사라졌다.
 라싸에는 부족한 것이 없었다. 배가 고프면 음식을 먹을 수 있었고, 피곤하면 포근하진 않아도 청결한 침대에 몸을 누일 수 있었다. 사람들은 친절했으며 거리에는 활기가 넘쳤다. 적어도 그 당시 라싸는 아직 중국 정부의 느슨한 통제 아래 여유롭고 활기찬 기운이 넘실거리는 도시였다. 고원 햇살은 가을이라는 계절이 무색하게 살갗을 태웠지만 야외 테라스에 앉아 일광욕을 하고 있노라면 나른하게 행복했다. 그 뿌듯한 기분에 취해 라싸에 도착한 며칠 간은 정말 아무 것도 안 하고 빈둥거렸다. 느지막이 정신이 들면 포탈라궁까지 걸어갔다가 조캉 사원을 지나 호텔로 돌아오곤 했다.
 포탈라 광장 앞 도로는 반질반질한 돌로 덮여 있었다. 그 위를 미끄러지듯 달리는 자동차와 자전거 행렬은 언제나 신나 보였다. 인력거꾼 얼굴에는 항상 웃음이 묻어났고, 손님을 부르는 목소리는 활기가 넘쳤다. 능숙한 손놀림으로 귀가 찢어져라 휘파람을 불어대며 페달을 밟아대는 그들 모습

조캉 사원 앞에서 기도 중인 티베트 사람들

에 절로 흥이 났다. 포탈라 광장에는 언제나 빨갛고 노란 모자를 쓴 단체 관광객이 진을 치고 있었다. 그들 얼굴에도 웃음이 가득했다. 중국과 티베트의 관계에 대한, 약간은 알레르기 같은 반응 때문에 그다지 달갑지는 않았다. 하지만 그들에게 책임을 물을 수는 없는 노릇이었다. 한때는 아름다운 호수였던, 하지만 중화인민공화국 정부가 시멘트로 메워 버린 광장에 서서 바라본 포탈라궁은 아름답고 처연했다.

✣

티베트인들은 일생에 한 번은 라싸로 순례 가는 걸 꿈꾼다. 자신이 사는 곳에서부터 라싸 포탈라궁까지 수백, 수천 킬로미터를 오체투지로, 삼보일배하며 걸어간다. 그때 만났던 티베트 사람은 "무엇을 그리 간절히 염원하는가?"라는 질문에 "우리는 달라이라마의 귀환을 원한다."라고 대답했다. 어떤 이는 "나의 죄를 씻기 위해 걷는다."고 답했다. 이유는 각자 다르다. 하지만 그들은 각자 간절한 염원을 가슴에 품고 장정에 올랐다.

이미 서부 티베트를 가로지르면서 봤다. 그들이 걸어야 하는 길은 황무지였다. 따라서 이들은 순례길에 오를 때 서너 명씩 조를 짜거나 아예 십수 명씩 무리를 이뤄 이동했다. 천막과 식기, 모포 등을 실은 지원 차량(때로는 나귀)이 뒤를 따르며 사고를 방지하고, 순례객들은 끝이 보이지 않는 도로를 따라 하루 종일 몸을 던졌다. 간혹 이런 상궤에서 벗어나 홀로 황무지를 가로지르는 이도 있었다. 보급의 중요성을 모르는 걸 아닐 텐데 그렇게 길을 가다가 사고를 당하거나 식수가 떨어지면 어쩌냐고 물었더니, 티베트 사람들은 순례객들을 보면 조금씩 시주를 하는 게 관습이라는 답을 들었다. 무리를 지어 나온 순례객은 홀로 순례 중인 순례객을 보면 큰 소리로 불러 차와 짬파를 대접했다. 초대를 받은 사람은 거리낌 없이 다가와 환하게 웃으며 사의를 표하고 요기한 후 다시 길을 떠났다. 암묵적인 사회적 합의가 이들의 여정을 지지했다.

아름다운 광경을 보고 담아 온 포근한 감상은 라싸에서 금이 갔다. 조캉 사원 주변, 바코르 광장을 기점으로 시작되는 코라에서 만난 순례객은 어느 순간 거지로 변하기 일쑤였다. 열심히 오체투지하며 조캉 사원 코라를 돌던 여자아이가 갑자기 기도를 멈추고 내 앞을 막아서며 손을 벌렸다. 이를 본 꼬마들이 앞다퉈 나에게 달려들었다. 숙소에서 만난 장족 직원에게 물어보니, 라싸에는 순례를 왔다가 그대로 주저앉아 구걸하는 사람이 꽤 많다고 했다. 아찔했다. 코라에는 옷을 찢고 맨발을 드러낸, 씻지 않아 때가 덕지덕지 앉은 얼굴의 사람들이 가득했다. 황야에서 만난 순박한 사람들 눈빛과 라싸에서 돈뭉치를 세어가며 코라를 도는 이들의 눈빛은 확연하게 달랐다.

 더 심란한 문제는 그들에게 카메라를 들이대는 외지인이었다. 다큐멘터리 사진의 본질과 작가 의식, 저널리즘에 대한 이야기는 생략한다. 다만, 사진가는 자신이 찍는 사진에 부끄러움이 없어야 한다. 그러나 조캉 사원 앞에서 오체투지 하는 티베트 사람들을 촬영하려는 사진가들은 아귀다툼을 벌였다. 피사체가 된 사람의 의지 따위는 개의치 않고, 사원을 향해 절을 올리는 티베트 사람과 사원 사이를 가로막고 코 앞에 렌즈를 들이밀었다. 당황한 순례객이 항의해도 개의치 않고 자리를 옮겨 다른 이를 찍어댔다. 간혹 이런 행태에 분노한 순례객과 사진가가 드잡이하는 경우도 생겼다. 반대로 빙글빙글 웃으며 사진가에게 손을 내밀어 돈을 요구하는 이들도 있었다. 이들은 십중팔구 앞서 말한 '라싸에 정착한' 순례객이었다. 그러면 사진가는 되려 화를 냈다. 모순의 현장이었다. 자신들의 땅에서 구경거리가 되어버린 티베트 사람들을 보며 가슴이 답답했다.

하늘 장례식

 티베트 장례 풍속은 매장이 아닌 조장(鳥葬)이다. 푸줏간에서 고기를 해체하듯, 시신을 토막 내고 썰어, 뼈마저 잘게 빻아 보릿가루와 섞어 독수리에게 먹인다. 껍데기에 불과한 육신을 자연에 돌려준다는 의미다. 하늘과 땅을 잇는 사자인 독수리를 통해 영혼을 하늘로 돌려보낸다는 종교적 의미도 포함한다. 그래서 조장은 천장(天葬)이라고도 한다.

❖

 겨울이 길어 얼어붙은 땅을 파기 어렵고, 부패가 잘 진행되지 않는 티베트 고원 기후 특성상 매장은 적합하지 않다. 화장하려 해도 척박한 고원에서 자라는 나무는 거의 없다. 그래서 티베트 사람들은 예로부터 시신을 독수리에게 보시

드리궁틸 사원

하는 조장을 택했다. 남미 고원 지대에도 비슷한 풍속이 있다. 결국 조장은 척박한 환경에 적응하기 위한 노력의 산물이다.

조장터는 관광객에게도 개방했다. 입장료를 내고 들어가면 조장터 한편에 있는 관람석에서 전체 과정을 지켜볼 수 있다. 우리 상식으로는 시신을 고기처럼 해체하는 행위를 받아들이기 쉽지 않다. 애써 의미를 부여하더라도 피와 살이 튀는 현장은 트라우마로 남는다. 그럼에도 참관을 원하는 사람은 끊이지 않았다. 세계 어디서도 접할 수 없는 독특한 문화였으니까.

라싸에서 SUV를 대절해 약 네 시간을 달리면 드리궁틸 사원이 나온다. 절벽에 매달린 듯 위태롭게 선 사원은 전문적으로 장례를 주관한다. 사원 주변 공기는 무거웠고, 음습했다. 조장터로 가는 길에 만난 거대한 견공들은 모두 시뻘건 눈알을 굴리고 있었다. 카일라스 코라에서 개밥이 될 뻔한 기억에 소름이 돋았다. 진저리 치는 나를 본 가이드 겸 운전기사가 대수롭지 않게 한마디 했다. "이 동네 개들은 조장이 끝난 후 미처 '처리'하지 못한 인육을 청소하지." 그 때문일까? 개들 눈에 귀기가 서려 있었다.

조장터에 닿을 때쯤 날이 훤하게 밝았고, 주변 경관이 눈에 들어오기 시작했다. 비탈 아래로는 비옥한 농토와 협곡을 배경으로 동화 속 삽화 같은 마을이 펼쳐져 있었다. 하얀 모자를 눌러쓴 산봉우리 사이로 피어오른 물안개가 풍경에 파스텔톤을 더했다. 목가적이고 신비로운 분위기였다. 그러나 여전히 시린 바람에 코끝이 떨어져 나갈 듯했다. 손에 입김을 불다가 시선이 아래로 떨어졌다.

길바닥 곳곳에 사람 머리카락 뭉치가 굴러다녔다. 신체 일부, 혹은 소지품을 불경이 적힌 천과 묶어 자연에 뿌리는 게 티베트 풍습이라는데, 이곳에서 본 머리카락 뭉치들은 느낌이 묘했다. 마치 손으로 잡아 뜯은 듯, 혹은 가위로 대충 잘라낸 듯 거친 터럭이 어수선하게 흩뿌려져 있었다. 기괴함을 넘어 불쾌함이 느껴졌다.

하늘에는 거대한 날개를 편 독수리 몇 마리가 활강하고 있었다. 하지만 대부분은 조장터 계곡 너머 산자락과 들판 곳곳에 웅크리고 앉아 자기 차례를 기다리고 있었다. 적게 잡아도 백 마리는 넘어 보였다. 시커먼 바윗덩어리 백여 개가 들판 군데군데 박혀 있는 듯한 풍경은 괴기스러웠다. 가끔 날개 품에 처박고 있던 대가리를 들어올려 사방을 훑는 놈들과 시선이 마주치면 등골을 타고 소름이 흘렀다.

추위에 떨며 한참을 기다리고 있자니 저 멀리서 시신을 실은 경운기가 나타났다. 이날 장례는 세 건이었다. 경운기에서 작은 관 하나와 잔뜩 웅크린 사람 형태의 하얀 천 뭉치 두 개가 내렸다. 망자의 수의는 경제력 차이를 보여주고 있었다. 그러나 눈알을 희번덕거리고 있는 독수리들 앞에서 공들여 짠 관과 시신을 싸맨 하얀 면포가 도대체 무슨 차이가 있을까? 인생무상과 공수래공수거의 철학을 이보다 더 극명하게 보여주는 그림은 없을 듯했다.

관이 열리자 열 살 남짓한 여자아이 시체가 드러났다. 천뭉치에서는 노파 시신 한 구와 중년 남자 시신 한 구가 굴러떨어졌다. 시커멓게 죽어버린 피부와 제멋대로 덜렁거리는 사지는 비현실적이었다. 저 물체가 사람이었다고 상상하기가 어려웠다.

"휙~!"

제관의 일갈이 얼어붙은 공기를 찢었다. 건장한 승려들이 섬뜩하게 날이 선 칼과 갈고리를 들고 조장터에 입장했다. 나이 많은 승려 하나가 북을 치며 나지막한 목소리로 경을 외웠다. 낮은음으로 끊임없이 읊조리는 그 소리에 홀린 듯, 참관자들은 다들 멍한 얼굴이었다. 그 사이 승려들이 벌거벗겨진 시신을 제단 위에 올려 의식 준비를 끝냈다.

'작업'이 시작됐다. 승려들이 시체에 갈고리를 꽂고 칼질을 시작하는 순간, 계곡 너머에 앉아있던 독수리들이 일제히 날아올랐다. 조장터 옆에 내려 진을 친 독수리들은 시커먼 그림자를 일렁이며 푸드덕거렸다. 끼득거리는 울음소리가 귀를 어지럽혔다. 거침없는 칼질에 살점이 출렁였다. 힘줄이 드러나고, 피가 튀고, 누런 내장이 모습을 드러냈다. 승려들은 시시덕거리며 칼질을 이어갔다.

길고 지루한 작업이 이어졌다. 척추를 따라 길게 살을 가르고 갈비뼈 방향을 따라 칼집을 낸 시신은 하얀 뼈를 드러냈다. 피 냄새를 맡은 독수리 중 몇 놈이 채 차려지지 않은 식탁으로 달려들었지만, 제단을 지키고 선 인부의 돌팔매를 맞고는 후다닥 도망쳤다. 어느 순간 집전 승려가 칼을 높이 쳐들고 고함을 질렀다. 소리를 들은 독수리들이 흉흉한 기세로 날아올랐고, 승려들은 황망히 제단에서 비켜섰다. 이제 의식의 주인은 독수리로 바뀌었다.

독수리들이 제단을 새까맣게 뒤덮었다. 어른 키 만한 날개를 펄럭이는 짐승들 사이로 피가 튀고 살점이 날아올랐다. 그 탐욕스러운 행위 앞에 난 얼어붙었다. 망자의 내장을 부리에 휘감은 독수리 한 마리가 고개를 쳐들었고, 옆에 있던 놈들은 그걸 뺏으려고 달려들었다. 내장을 차지한 놈은 뺏으려는 놈들을 피해 내가 선 쪽으로 날아올랐다. 핏방울 하나가 내 볼에 튀었다. 무의식적으로 볼을 훔쳤다. 손등에 묻은 핏자국을 본 순간 소름이 돋으며 욕지기가 치밀었다. 독수리들은 피범벅이 된 채 춤을 추고 있었다. 고개를 쳐들고 다른 먹잇감을 찾는 독수리 대가리와 목은 시뻘건 피로 물들어 있었다.

시간이 얼마나 지났을까? 승려들이 다시 입장하며 고함

을 지르자 독수리들이 일제히 물러났다. 짐승들이 빠져나가 횅한 벌판에는 앙상한 해골 세 구가 남았다. 빨간 피와 살점이 덕지덕지 붙은 해골에서 피비린내가 사방으로 퍼졌다. 승려들은 유골을 수습해 절구에 넣고 빻으며 경을 외웠다.

고작 1시간이었다. 그 사이 온전한 인간의 형상 하나가 가루로 변해 사라졌다. 인생무상을 뼈저리게 느꼈다. 특히 그 조그마한 어린아이의 마지막은 잊을 수가 없다. 여남은 해를 보낸 아이의 인생은 어떤 의미였을까? 그 아이는 세상에 무엇을 남겼을까?

지금도 가끔 그날이 생각난다. 현생을 유지하기 위해 아등바등 살다가 그때를 떠올리면 헛웃음이 난다. 그러고 나면 허기가 느껴졌다. 이 세상 한번 살고 가는데, 나는 무엇을 남기고 가게 될까? 살아지는 대로 살고 싶지 않다. 인생의 의미를 찾고 싶다. '나'라는 존재의 증거를 남기고 싶은 욕구가 치민다. 최후의 순간에 내가 세상에 남긴 것이 무엇인지 모르고 떠난다면 비참할 것 같다. 죽어도 눈을 못 감을 듯하다. 내가 이 세상을 살았다는 실존의 증거는 무엇일까? 누군가에게는 기록이고, 작품일 것이다. 누군가에게는 자신의 모습을 투영하는 2세일 수도 있을 테다. 하지만 난 아직도 그 증거를 찾고 있다.

티베트에서 만난 사람들

야크호텔 도미토리는 8인실이었다. 거의 한 달간 도미토리 침대 하나를 차지하고 뼈대며 많은 사람을 만났다. 그중에는 나의 스승이 되어 준 사람도 있었고, 친구가 되어 준 이도 있었다. 가끔 이해 못 할 말과 행동을 하는 이도 있었지만, 그 역시 나의 반면교사(反面教師)였다.

❖

Pax Americana

길고 숱 많은 곱슬머리를 대충 말아 올려 비녀를 꽂았다. 항상 시원하게 웃는 미소가 매력적이었다. 꾸미는 것엔 도통 관심이 없는지 얼굴과 드러낸 어깻죽지에는 주근깨가 가득했다. 히피 스타일의 중년 여자였다. 사흘 정도 같은 방에 묵었는데, 따로 말을 섞어본 적은 없었다. 그러다가 그녀가 라싸를 떠나는 날 처음으로 대화를 나누게 됐다. 의례적인 인사와 서로 일정을 응원해 주는 덕담이 오갔다. 잠깐 시간이 남았는지 그녀는 배낭을 깔고 앉아 내게 말했다.

"오늘 간덴 사원에 다녀왔는데 식당에서 우연히 한국 아가씨 하나와 합석하게 됐어. 어쩌다가 정치 이야기가 나왔네? 아가씨가 미국 정부 욕을 열심히 하더구먼. 물론 난 좀 기분이 나빴지만 최대한 예의 바르게 '네가 잘못 아는 거다'라고 설명을 했지."

때는 2003년 가을이었다. 9.11 테러 이후 미국이 이라크를 두들겨 패고 있었다. 제멋대로 '악의 축'을 지정하는 도를 넘은 깡패짓과 대량살상무기 언급에 많은 이들이 미국에 의심의 눈초리를 보내던 시기였다.

"생각해 봐, 1970년대 캄보디아와 베트남에서 미군이 철수한 이후 어떤 일이 일어났어? 〈킬링필드〉 영화 봤어? 한국도 마찬가지야. 6.25 때 미국이 없었으면 한국이 지금 어떤 상황이겠어? 너희들은 지금 너희가 누리는 자유가 얼마나 힘들게 얻은 건지 몰라."

우리나라 근현대사에서 미국의 역할을 부정할 생각은 없었기에 고개를 주억거렸다.

"너희 세대는 전쟁의 무서움을 모르지. 세계적으로 반미 감정이 강하지만, 국제사회에서 문제가 생기면 찾는 나라가 어디야? 미국이잖아. 그리고 너희 나라에서도 수술을 받을 때, 실력 있는 의사를 못 찾으면 가는 곳이 어디야? 미국이 잖아. 날 믿어. 미국은 좋은 나라야(Trust me, America is good)."

대화는 우선 상대 의견을 경청하는 데서 시작하며, 토론은 이견을 인정하는 데서 시작한다. 하지만 그는 내 의사 따위는 아랑곳 않고 대화 주제를 선정했으며, 자기 의견을 강요했다. 당황한 내 모습을 보며 그는 웃었다. 자기 침대에서 뒹굴거리고 있던 교주가 한마디했다.

"관둬. 그 아줌마 이중국적자야. 이스라엘, 미국. 남편이 미국사람이래."

인연(因緣)

김 선생은 중년 사진작가였다. 세계 각지를 돌아다니며

사진을 찍어 매체에 팔았고, 때로는 로케이션 헌팅도 했다. 2000년대 초반은 사진이 필름에서 디지털로 이행하던 과도기였지만, 여전히 주력은 필름이었다. 사진 원본의 힘이 강력하던 시절이었다. 김 선생은 그렇게 작품을 통해 얻은 수익으로 다시 여행을 떠나는 루틴을 이어가고 있었다. 10여 년 동안 세계 곳곳을 돌아다니며 겪은 에피소드는 드라마보다 재미있었다. 어린 내 눈에 그의 삶은 로망이었다. 난 이미 역마살을 맞은 상태였지만, 그와의 만남은 삶의 방향성을 확정하는 확인 사살이었다.

김 선생의 동행들은 모두 성격 좋고 유쾌했다. 덕분에 그들이 라싸에 머무는 동안 자주 어울려 술잔을 기울이곤 했다. 그중에는 중국어를 할 수 있는 이가 없었기에 차량 수배나 예약 등 통역이 필요할 때마다 내가 나서곤 했다. 김 선생 일행이 떠나기 전날 밤, 그의 방에 모여 술잔을 기울였다. 그들은 연신 나에게 고맙다고 했다.

"번거롭고 귀찮았을 텐데, 내색 한번 안 하고 도와줘서 얼마나 고마운지 모른다."

'호의가 계속되면 권리인 줄 안다'는 말이 있다. 실제로 여행 중에 그런 사람도 여럿 만났다. 어느 순간 자연스럽게 나를 통역으로 여기고 있는 사람. 그간 만났던 사람 같지 않은 사람들 모습에 분노했던 기억은 이런 사소한 감정 나눔에 희미해지곤 했다.

 김 선생과 일행은 언제나 겸손했고, 감사함을 표현할 줄 알았다. 말 한마디에 천 냥 빚도 갚는다는데, 진심이 담긴 한마디면 그보다 더 한 것도 해 줄 수 있는 게 인지상정 아니던가. 겸연쩍어하는 날 보며 김 선생이 말했다.

 "나도 여러 사람에게 도움을 받았어. 이탈리아에서 여권 털렸을 때 한국 스님이 도와줬지. 나중에 스님께 빌린 돈을 돌려드리려니 스님이 그러시더군. '난 어차피 그 돈 돌려받으려고 빌려준 게 아니라네. 자네도 나중에 자네 도움이 필요한 사람이 있으면 그 사람에게 베풀게나.' 그 이후 스님 말씀을 잊지 않으려고 했어. 너도 길에서 만난 사람들에게 알게 모르게 도움을 많이 받았을 거고, 앞으로도 받을 거야. 그러니 그걸 그대로 그 사람에게 보답하겠단 생각은 말고 네가 다른 사람을 도울 수 있을 때 도와. 그렇게 돌고 도는 게 세상 아니겠어?"

 깨달음의 순간이었다. 이후 그렇게 이어지는 작은 인연이 세상을 아름답게 만들 수 있기를 바랐다. 갈수록 각박해지는 세상을 살면서, 말세라는 말이 절로 나오는 뉴스를 보면서도 끝까지 이 말을 놓지 않고 있다.

한 달 간 머물렀던 야크호텔 도미토리

나의 삶

나와 교주, 해랑이 야크호텔에서 근 한 달을 뭉그적거리다 보니, 의도치 않게 우리를 중심으로 한국 여행자 커뮤니티가 만들어졌다. 대부분 사나흘, 길어야 열흘 일정으로 라싸를 거쳐간 사람들은 이미 형성된 커뮤니티를 순차적으로 오가며 정보를 나누고 동행을 구하곤 했다.

우리는 간간히 야크호텔 마당에 모여 비빔밥을 만들어 먹었다. 어이없게도 당시 라싸 재래시장 한편에는 조선족 교포가 운영하는 반찬가게가 있었다. 그 당시 티베트에서 김치를 맛볼 수 있을 거라고 누가 상상이나 했을까? 여행이 길어지면 한식이 사무치게 그립다. 한국 여행자들 입이 귀에 걸렸다.

"우리 백김치랑 나물 몇 개 사다가 비빔밥 해 먹을까?"

한국 여행자들은 대부분 튜브형 고추장을 들고 다녔다. 시장에서 양푼 큰 걸 하나 구한 후 근처 식당에서 밥과 계란 프라이를 사다가 들이붓고, 중국산 참기름과 갹출한 고추장을 넣고 비볐다. 셰프는 매번 바뀌었는데, '음식은 손맛'이라며 비누로 깨끗이 손을 씻고 맨손으로 비비는 게 '국룰'이었다. 누가 봐도 개밥 같은 모양새였지만, 눈물이 날 정도로

맛있었다. 이후로도 종종 그렇게 파티를 벌이곤 했다.

양푼을 가운데 두고 둘러앉아 밥을 퍼먹는 우리 모습은 다른 여행자들 호기심을 자극했다. 일본 친구들은 환호성을 지르며 숟가락을 들고 달려왔다. 그렇게 온 사람들은 자기 나라에서부터 들고 온 무언가를 배낭에서 꺼내왔다. 그때는 개념도 몰랐는데 우리는 이미 팟럭 파티(Potluck party)를 즐기고 있었다.

그날 초대 손님은 그리스 사람이었다. 어쩌다 보니 장을 보다 약속 시간에 늦어버렸다. 그는 홀로 호텔 마당에서 30분 정도 기다려야 했다. 미안해서 어쩔 줄 모르는 나를 보며 그는 빙그레 웃었다.

"걱정 말고 천천히 준비해. 느릴수록 좋아. 난 그리스 사람이잖아."

코리안 타임이 그리스에도 있다는 건 나중에 알았다. 그때는 그저 미안하면서 동시에 나를 배려해 주는 마음 씀씀이가 고마울 따름이었다. 배부르게 먹고 나서 그가 가져온 그리스식 곶감을 후식으로 먹으며 이야기를 나눴다. 그는 자기 직업이 의사, 작가, 번역가 세 개라고 했다.

"직장에 얽매여 빡빡하게 사는 게 싫었거든. 프리랜서로 살 수 있는 직업을 찾았어."

"부럽네요. 나도 그렇게 살고 싶지만 우리나라에선 쉽지가 않아요."

그러자 그가 눈을 동그랗게 뜨며 말했다.

"어떻게 살아야 한다는 규칙이 있나? 몇 살에 뭐 하고, 몇 살에 애 낳고, 돈 많이 벌고, 뭘 해야 한다는 규칙은 사람들이 정한 거야. 네가 거기에 따라갈 필요는 없어. 네가 진정 하고 싶은 걸 찾아봐. 넌 아직 어린애(child)잖아."

그때 그는 마흔여덟이었고, 나는 스물다섯이었다. 그리고 이 글을 쓰는 시점의 나는 마흔일곱이다. 그날 먹었던 비빔밥에 고추장을 덜 넣어 싱거웠던 맛까지 기억이 날 정도로 생생한데 어느새 20년이 흘렀다.

여행을 떠나기 전까지만 해도 안정적인 직장과 가정이 인생의 목표였다. 불과 6개월 사이에 가치관과 삶의 목표가 송두리째 흔들렸다. 그래서였을까? 나의 20대 후반과 30대 초반은 사춘기 때보다 더 심한 혼란의 시기였다. 삶의 방향타를 성공과 안정에서 재미와 행복으로 틀었더니 내게 남은 것은 나 혼자만 보고 느낄 수 있는 것들뿐이었다. 지향점이

남초 호수에서 만난 장족 아이

틀렸다고는 생각하지 않았지만, 일반적인 기준에서 언제나 남보다 뒤처진 나를 보면 초조해졌다. 친구들 연봉이 얼마고, 어떤 차를 샀고, 승진했다는 이야기를 들으면서 흔들렸다. 가끔 괜찮다고 스스로 가스라이팅하고 있는 게 아닌가 의심했다.

40대 중반을 넘고 나서 의심이 사라졌다. '불혹(不惑)'이란 개념은 나에게 의미가 있었다. 치열하게 30대를 달려온 친구들은 40대 중반이 되자 공허한 눈빛을 보였다. "이렇게 살다가 가는 건가?"라는 말을 종종 들었다. 친구들은 삶의 목표가 돈을 버는 게 되어버린 상황이 되자 당황스러워했다. "넌 아직 하고 싶은 게 많아서 좋겠다."라는 말도 들었다. 이런 상황을 계속 접하면서 '내가 택한 길이 틀리지는 않았구나'하고 안심했었다. 그러다가 어느 순간 내가 여전히 내 삶을 타인의 삶과 비교하면서 의미를 찾고 있다는 사실을 깨닫고 소름이 돋았다. 이 과정까지 거치고 난 이후에야 비로소 자유로워졌다.

모든 삶에는 의미가 있다. 자신의 잣대로 남의 삶을 판단하는 건 오만이다. 반대로 남이 나의 삶에 대해 왈가왈부하는 것에 일일이 반응할 필요도 없다. 어차피 그들은 틀렸으니까. 내 방향이 맞는지, 틀리는지는 나만 알 수 있다.

그리움으로 남은 곳

라싸에서만 한 달 간 머물렀다. 중간에 중국 국경절 연휴가 끼어 오도 가도 못할 상황이 되긴 했지만, 이를 감안해도 지나치게 오래 있었다. 잠시 머물렀다 떠나는 여정의 긴장감이 사라졌고, 주저앉아 한량처럼 먹고 마시는 시간이 길어졌다. 거울을 보니 흐리멍덩한 눈동자가 둥둥 떠 있었다. 떠나야 할 때가 지났음을 깨달았다.

✥

비몽사몽간에 누군가 내 귓가에 대고 말을 걸었다.

"난 이제 네팔로 간다. 동부티베트 성공하길 바란다."

교주가 떠났다.

"어… 형, 잘 가요. 한국에서 봅시다."

채 뜨지 못한 눈으로 시계를 보니 오전 10시다. 교주가 똬리를 틀고 있던 침대는 덩그러니 비어있었다. 길에서 만난 인연이지만 3개월 간 동고동락했다. 그런 이를 배웅도 못한 채 보내고 나니 미칠듯한 허전함이 밀려들었다. 티베트를 떠날 때였다.

배낭을 싸면서 오만가지 생각이 들었다. 마치 집을 떠나 처음 여행길에 오를 때 같았다. 미지의 세계로 들어선다는 두려움 섞인 설렘이 느껴졌다. 종아리에 힘이 들어갔다. 마침 윈난성으로 나가려는 한국 여행자가 둘이 있어서 총 세 명이 함께 길을 나섰다.

원래 계획대로 라싸에서 동부 티베트를 가로질러 윈난성으로 진입하는 루트를 탔다. 동부는 티베트 내에서 인구 밀도가 가장 높은 지역이다. 고대부터 쓰촨, 윈난을 통해 라싸로 통하는 길이 닦여 있던 곳이라 유동량이 많은 지역이었다. 이 때문에 공안의 검문이 가장 삼엄했다. 실제로 이 길을 통해 라싸로 진입을 시도해서 성공하는 사례가 거의 없는 곳이기도 했다.

하지만 라싸에서 나갈 때는 크게 상관없었다. 중간에 공

티베트 사람들을 태우고 이동 중인 트럭

안에게 걸려도 어차피 원래 가려던 쓰촨성이나 윈난성으로 추방되기 때문이다. 중국 일주 계획을 세울 때 서부-중부-동부로 티베트를 관통하는 동선을 짠 것도 이 때문이었다. 단지 동부 역시 퍼밋 발급이 안 됐기에 중간에 들르는 지역을 여행할 수 없다는 게 아쉬울 따름이었다. 동부에서는 여행객 티를 내지 않고 조용히, 가능한 빠르게 윈난성으로 빠져나가야 했다.

✥

첫차를 타기 위해 동트기 전 야크호텔을 떠났다. 버스정류장으로 가는 길에 막 넘어가고 있는 보름달을 목에 건 포탈라궁이 보였다. 추석날, 거지같은 몰골로 거대한 보름달을 보며 라싸에 들어선 게 엊그제 같은데, 어느새 꽉 채운 한 달이다. 45인승 버스를 타고 린쯔(林芝) 방향으로 출발했다.

쭉 뻗은 도로를 따라 숲이 이어졌다. 규칙적으로 흔들리는 버스 움직임에 취해 이내 잠이 들었다. 어느 순간 몸이 심하게 덜컹거려 정신을 차려보니 버스는 깊은 산속을 지나고 있었다. 울창한 숲 사이로 난 비포장도로였다. 우기 끝자락이었다. 그늘진 도로가 채 마르기 전에 비가 내리는 상황이 반복돼 온통 진흙탕이었다. 버스는 롤러코스터를 탄 듯 출렁였고, 가끔씩 옆으로 넘어질 듯 심하게 기우뚱거렸다.

보미까지 가는 길은 허리에 구름을 두른 설산이 끝도 없이 이어졌다. 차가운 고지대 공기 때문인지 조금 일찍 피어난 단풍이 눈에 들어왔다. 낭떠러지를 달리는 길옆은 키 큰 침엽수가 우거진 숲이었다. 계곡 밑바닥부터 오랜 시간에 걸쳐 자라난 늙은 나무들이 산허리에 나 있는 도로 위로 머리만 빼꼼히 내밀고 지나가는 차들을 내려다보고 있었다. 길은 여전히 엉망이었다. 어느 순간 차들이 길게 늘어선 길이 나타났고, 버스는 속도를 줄였다.

"트럭 한 대가 진흙탕에 빠져서 못 움직이고 있다오."

밖에 나가 상황을 살피고 온 기사가 구시렁거렸다. 외길이라 양방향 차들이 번갈아 지나야 하는 곳이었다. 기다리는 시간이 길어져 밖으로 나가보니, 왕 영감의 트럭과 비슷한 트럭 한 대가 진흙탕에서 악전고투 중이었다.

대중교통 인프라가 미비한 곳에서 사람들은 트럭을 교통수단으로 움직이고 있었다. 안전장치 따위는 사치였다. 트럭 짐칸은 사람과 짐이 엉켜 엉망이었다. 가느다란 철제 프레임 사이로 사지 한쪽을 내놓은 사람들 모습이 위태로워 보였다. 길옆에는 장족 아이들 몇이 일하다 말고 삽자루를 턱에 괸 채 길가에 주저앉아 쉬고 있었다. 신기한 눈초리로 나를 바라보길래 웃으며 손을 흔들어 줬더니, 씩 웃으며 일제히 가운데 손가락을 세워 보였다. 망할 놈들. 그 사이 교통정리를 끝낸 도로가 뚫렸다. 보미까지는 일사천리였다. 보미에서 바쑤(八宿)로 가는 길은 조금 달랐다. 바쑤는 작은 마을이었지만 버스에는 사람이 가득 들어찼다. 해가 뜨자 설산이 오렌지색으로 물들기 시작했다. 뜻밖의 절경에 넋이 나가 멍하니 창밖을 바라보고 있는데 인적도 없는 산길 한가운데 검문소가 나타났다.

"모두 신분증 꺼내쇼!"

버스에 오른 경찰이 험악하게 소리쳤다. 지난번 검문처럼 대충 지나가길 바랐지만 이번엔 아니었다. 뒷쪽 좌석에 앉아 있던 나한테까지 순서가 돌아왔다.

"신분증!"

경찰은 날카로운 눈으로 나를 노려봤다. 애써 태연한 척했지만 등골이 서늘했다. 최대한 느긋하게 지갑을 열고 중국 학생증을 꺼내는 순간, 내 옆에 앉았던 장족 소년 하나가 손을 번쩍 들더니 경찰에게 말했다.

"저… 전 아직 18살이 안 돼서 신분증이 전혀 없는데, 어쩌죠?"
"아무것도 없어?"
"전 학교도 안 다녀서…"

경찰은 잠시 고민하더니 그냥 가라며 차에서 내렸다. 나를 포함 불과 대여섯 명만 검문이 남은 상황이었다. 버스가 길모퉁이를 돌아 검문소가 시야에서 사라지는 순간, 절로 긴 한숨이 삐져나오며 그대로 자동차 시트에 미끄러지듯 파묻혔다. 그 소년은 나에게 윙크를 날리며 싱긋 웃어 보였다. 이 친구, 분명히 상황을 제대로 파악하고 있었다.

✥

보미로 가는 길

버스는 란우후(然乌湖)를 지난 후 멈춰 섰다. 도로는 또 주차장으로 변해 있었다. 버스에서 내려 대기 중인 사람들에게 물어보니, 산사태가 나서 막힌 길을 뚫는 작업 중이라고 했다. 다이너마이트 터지는 소리가 이어졌고, 지진이 난 듯 땅이 흔들렸다. 멀리서 누런 흙먼지가 피어올랐다.

일행들과 구멍가게에서 음료수를 사서 마시며 잡담을 나누고 있는데, SUV 한 대가 멈춰 서더니 서양인 가족 네 명이 차에서 내렸다. 일행 중 한 명이 반색하며 인사했다.

"조장 보러 갈 때 같이 갔던 사람들이야."

구멍가게 의자를 모조리 점거하고 맥주를 마시며 이야기꽃을 피웠다. 아버지는 호주 사람, 어머니는 영국 사람이지만, 거주지가 캐나다인 관계로 이 집 아이들은 호주, 영국, 캐나다 삼중 국적이라고 했다.

"국적이 세 개니까 여행할 때 편한 점이 많아. 이스라엘을 거쳐 시리아로 가는 것도 가능하지(*당시에는 여권에 이스라엘 비자가 찍히면 시리아 입국이 불가능했다. 반대 경우도 마찬가지). 이스라엘 입국 때 호주 여권 쓰고, 시리아 입국 때는 캐나다 여권을 쓰면 되거든."

신기한 이야기였다.

"근데 여권이 여러 개니까 가끔 난처한 일도 있어. 한 번은 여행 갈 때 캐나다 여권을 집에 두고 간 거야. 떠날 때야 문제가 안 됐는데, 집에 들어올 때 난리가 났지. 입국 신고할 때 캐나다 여권이 없으니 외국인으로 취급이 된 거야. 입국심사 때 '무슨 용무로 캐나다에 오셨나요?'라고 묻는데, '어… 어… 부모님 만나러요'라고 대답할 수밖에 없었어."

딸내미는 낄낄거리며 맥주를 홀짝였다. 맥주 한 짝이 비어갈 때쯤 길이 뚫렸고 차들이 움직이기 시작했다. 버스 시동 소리가 들리길래 고개를 돌렸더니, 기사는 우리가 탄 걸 확인도 안 하고 그대로 출발하고 있었다. 인사도 제대로 못 하고 허겁지겁 내달려 속도를 올리려는 버스 옆면을 사정없이 두들겨 겨우 차에 올랐다. 공사장에서 시간을 날린 탓에 바쑤에 도착한 시간은 밤 10시였다. 보름달이 휘영청 밝은 날이었다.

✤

탈출 과정은 지루했지만 순조로웠다. 하지만 윈난, 쓰촨, 티베트의 관문 도시인 망캄(芒康)에서 다시 발이 묶였다. 버스터미널 인근을 돌며 '빵차(소형 승합차)'라도 구해보려 했지만, 터무니없는 가격을 부르거나 자리가 없다. 3개 성으로 통하는 길이 교차하는 곳이다 보니 차량 유동량은 많지만, 그만큼 사람도 많아 빈 차를 구하기가 어려웠다. 다음 목적지인 더친(德钦)까지만 가면 퍼밋 걱정없이 어디든 갈 수 있는 터라 조바심이 났다. 더친으로 나가야 중뎬-리장-다리로 이어지는 차마고도 루트를 탈 수 있다.

지쳐서 버스터미널에 주저앉아 있는데 티베트 방향에서 빈 SUV 한 대가 들어왔다. 동부 티베트 투어를 운영하는 차량인 듯했다. 손님은 이미 내렸고, 윈난성으로 나가는 듯 기사와 가이드로 보이는 남자 두 사람이 탄 차였다. 혹시 태워줄 수 있는지 물었다.

"어디로 가는데?"

까무잡잡한 얼굴의 기사가 되물었다. 중뎬(中甸, 現 샹그릴라시)으로 나갈 거라고 했더니, 자기도 마침 중뎬으로 간다며 타겠냐고 묻는다. 차비는 인당 200위안이었다. 도시로 들어가 현금을 찾기 전까지 예산이 빠듯했던지라 100위안에 안 되겠냐고 물었더니 흔쾌히 승낙한다.

"어차피 중뎬까지는 빈 차로 갈 거였거든."

닳고 닳은 중국인들만 보다가 시원시원한 대답을 들었더니 당황스러웠다. SUV 기사는 나시족 청년이었다. 나시족 이름은 발음하기 어려울 거라며, 자기를 '아동(阿东)'이라고 부르라 했다.

망캄을 떠나 달리는 길은 목가적인 풍경으로 바뀌었다. 햇살은 따사로웠고, 울긋불긋한 가을 색깔이 사위를 물들여가고 있었다. 산중턱 벌판에서는 야크들이 한가로이 노닐며 풀을 뜯고 있었다. 경치에 취해 한 시간 정도 길을 달렸을까? 아동이 물었다.

"너희 통행증은 있지?"

솔직하게 불었다.

"아니, 근데 통행증이 꼭 필요한 거야? 여기까지 오는 동안 검문이 몇 번 있었지만 아무 일도 없던데?"
"그래? 이상하네. 뭐, 어차피 성 경계니까 별일 없을 거야. 그냥 가자."

차는 한참 동안 산길을 달렸다. 아동은 능숙하게 핸들을 감아댔다. 그간 트럭이나 버스를 잡아타고 티베트 고원을 달리다가 SUV를 탔더니, 승차감이라는 말을 붙이기가 황송

할 정도로 편했다. 도요타의 전설, 랜드 크루저는 험악한 비포장도로를 힘들이지 않고 달렸다.

"이 험한 동네에서 운용하려면 가격과 성능을 따졌을 때 이만한 대안이 없지."

아동이 낄낄거리며 말했다. 티베트에서 봤던 SUV는 대부분 도요타 랜드 크루저거나 미쓰비시 파제로였는데, 그제야 이유를 알았다.

한참을 달린 차가 산 정상에 오른 순간 기막힌 풍경이 펼쳐졌다. 탁 트인 시야에 깊은 계곡 위로 우뚝 솟은 설산이 보였다. 끝도 없이 아래로 떨어진 계곡 사면을 따라 성냥갑 같은 티베트 전통가옥이 군데군데 박혀있었다. 티베트를 횡단하면서 절경이나 비경이라고 할 수 있는 경치를 숱하게 봤지만, 이렇게 압도적으로 시야를 채우는 경관은 처음이었다. 아동은 너른 공터가 나오자 차를 세우고 담배에 불을 붙였다.

"좀 쉬었다 가자. 사진도 찍고."

풍경을 묘사하는 수식어를 참 많이도 썼지만, 매번 더 나은 표현이 뭐가 있을까 고민해야 했다. 티베트는 그런 곳이었다. 다시 차를 몰기 시작한 아동이 말했다.

"여기는 대설산 지구의 일부야. 중뎬까지 가다 보면 중간에 매리설산(梅里雪山) 볼 수 있는 곳이 있어. 거기서 사진 찍게 내려줄게."

이 친구, 아무래도 직업병인 듯했다. 나야 고맙지만.

❖

랜드 크루저는 란창강(瀾沧江)을 따라 계속 달렸다. 티베트 고원에서 발원한 얄룽창포강은 윈난성에 접어들면 란창강으로 합류한다. 계속 남쪽으로 내려간 물줄기는 윈난성을 지난 후 메콩강으로 이름을 바꿔 미얀마, 라오스, 태국, 베트남을 지나 남중국해까지 흘러 나간다. 강을 따라 먼지를 마시며 두어 시간 달렸을까? 작은 마을이 나타났다.

"저기가 마지막 검문소야. 너희들은 말만 안 하고 있으면 외국인인지 모를 테니까 가만히 있어. 내가 알아서 할게."

오금이 저릴 정도로 긴장이 됐지만 "너희는 외국인인지 모를 테니까"라는 한마디가 비수처럼 박혔다.

아동은 검문소 앞에서 천천히 속도를 줄였다. 그러나 창밖으로 빼꼼 내다본 검문소에는 경찰이 없었다. 아동은 어깨를 한번 으쓱하더니 그대로 검문소를 통과해 윈난성으로 들어섰다. 백미러로 보이는 검문소가 시야에서 사라진 순간, 나도 모르게 긴 한숨이 새어 나왔다. 두 달에 걸친 티베트 여정이 끝났다. 도로 한가운데 아치형 구조물이 서 있었다.

"시짱(西藏)에 다시 오세요. 티베트는 여러분을 환영합니다!"

역설적인 문구가 시선을 끌었다. 구조물 밑을 지나는 순간 온갖 생각이 다 들었다. 눈물이 날 것같았다. 서부 티베트를 지나 라싸에 들어서면서 "내가 다시 여길 오면 성을 간다."라고 수도 없이 다짐했지만, 멀어지는 티베트를 보면서 '언제쯤 다시 올 수 있을까?'하고 우울해하는 나를 발견했다. 당장이라도 차를 돌려 다시 티베트로 돌아가고 싶었다.

두 달간 평생 동안 한번도 겪어보지 못한 일들을 겪고, 생각지도 못했던 인연을 만들었다. 세상은 내가 알고 있던 것보다 냉정했고, 따뜻했다. 짧은 시간 동안 압축된 경험을 통해 가치관과 삶의 목표가 송두리째 흔들렸다. 그 진폭이 어찌나 컸던지 다시 중심을 잡고 서기까지 20년에 가까운 시간이 필요했다. 그래서일까? 티베트는 나에게 추억이 아

대설산 지구 풍경

닌 그리움으로 남아버렸다.

잃어버린 지평선

"산허리는 거의 수직으로 밑으로 뻗어나가 있었으며 아득히 먼 옛날 지각 변동으로 생겼을 것이 틀림없는 바위틈 사이로 빠져들어가고 있었다. 멀리 어슴푸레하게 보이는 계곡의 강바닥은 녹색으로 뒤덮여 있어 보는 이의 눈을 즐겁게 해 주었다… 만일 그곳에 사람이 살고 있다면, 뒤쪽에 치솟아 아득히 높고, 등반이 거의 불가능한 산맥에 의해서 완전히 격절되어 있다는 흠이 있을지언정 콘웨이에게는 그곳이 평화로운 은총으로 가득 찬 땅으로 여겨졌다."

- 〈잃어버린 지평선 Lost Horizon〉 中

〈잃어버린 지평선〉은 제임스 힐튼(James Hilton)의 1933년

작 소설이다. 주인공 콘웨이가 비행기 사고로 불시착한 히말라야 산골 오지에서 겪은 일들을 회상하는 방식으로 이야기가 펼쳐진다. 불로불사의 비밀을 간직한 신비로운 이상향, '샹그릴라 Shangri-la'가 여기서 등장한다. 소설은 신비롭고 아름다운 이상향에 대한 동경, 미지의 세계에 대한 사람들의 호기심을 자극해 출간 후 엄청난 판매고를 올렸다. 덕분에 '샹그릴라'는 아예 고유명사로 사전에 등재되어, 유토피아와 동일한 개념으로 자리 잡았다.

소설이 선풍적인 인기를 끌자 호사가들은 허구임을 알면서도 '샹그릴라는 어딜까?'라는 논쟁을 벌였다. 관광자원으로 훌륭한 소재기 때문에 히말라야를 끼고 있는 중국, 인도, 네팔은 각각 '여기가 샹그릴라의 원형이다'라고 주장한다. 인도는 라다크 왕국의 수도였던 레(Leh)를 샹그릴라의 모델로 주장하고, 중국은 윈난성 디칭장족자치구 내의 중뎬을 샹그릴라의 실제 배경으로 내세웠다. 중국은 2001년에 중뎬현 이름을 아예 '샹거리라(香格里拉)'로 바꿨고, 고성 내의 다 무너져가던 고건축물 밀집 지역을 개발, 리장 같은 형태의 관광지로 조성했다.

샹그릴라시에 들어섰지만 대중교통편에 표시된 행선지는 모두 중뎬이었다. 마을 간판에도 대부분 중뎬이라는 지명이 붙어 있었다.

두커쭝 고성 내 고건축물 밀집지구

"샹그릴라 시라는데, 도대체 입에 붙어야 말이지…"

아동이 투덜거렸다.

"이것도 인연인데 술이나 한잔하자. 오늘은 피곤할 테니까 좀 쉬고, 내일 저녁에 만나."

어느새 고객과 승객에서 대충 친구 사이가 된 아동이 씩 웃으며 나를 꼬셨다.

"사실 호주에서 온 친구들과 고성 안에 작은 바를 하나 냈거든, 꽤 괜찮을 거야."

마다할 이유가 없었다.

✤

다음 날 느지막이 일어나 돌아본 중뎬 시내는 온통 난장판이었다. 고성 관광지 개발을 막 시작한 듯했다. 해 질 무렵 황송하게도 아동이 내가 묵는 숙소까지 마중을 나왔다. 지금은 두커쭝(杜克中) 고성이 된 그곳은, 당시만 해도 온 사방이 건물을 올리느라 자재를 널어놓은 공사판이었다. 가로등도 거의 없었고, 길은 온통 진흙탕이었다. 도무지 인적이라곤 있을 것 같지 않은 그곳에서, 자그마한 언덕배기를 하나 넘자 마법처럼 주황색 불빛이 나타났다. 캄캄한 길 한가운데 'Raven'이라는 글자가 빛났다.

"여긴 이제 관광지가 될 거야. 여행 왔다가 여기가 좋아서 자리 잡은 이 친구들하고 동업해서 이 가게를 열었지. 문연 지 이제 딱 두 달 됐어."

멋진 목조 건물 내부에는 장작 난로가 따뜻하게 타오르고 있고, 아늑한 소파가 몇 개 놓여있었다. 문을 열고 들어서니 아동의 동업자인 제이슨과 애니가 활짝 웃으며 나를 반겼다. 문가에서는 그들이 키우던 똑똑한 사냥개 샬루가 꼬리를 흔들며 격렬하게 나를 환영했다. 상상도 못 했던 멋진 바다. 아동이 "오늘은 내가 쏜다."며 동네 친구들을 불러 모았다. 차례차례 모여든 친구들과 함께 맥주잔을 부딪히다 보니 어느새 자정이 훌쩍 지나갔다.

다들 분위기에 취해 기분좋게 헤어졌지만, 나 혼자 만취해서 정신을 잃었다. 아동은 낄낄거리며 떡이 되어버린 나를 부축해 숙소까지 데려다줬다. 중간에 어느 가로등 아래서 그간 먹은 음식들을 괴롭게 확인했고, 그제야 끊어진 필름이 이어졌다. 정신을 차렸을 때 처음 느낀 건 내 등을 두

드리고 있는 아동의 억센 주먹이었다. 민망하기 그지없어 초면에 실례를 범했다고 사과했더니 아동이 껄껄 웃었다.

"손님을 초대했는데 취하지 않으면 내 성의가 부족했다는 증거. 네가 떡이 되도록 마셔줘서 내가 얼마나 기쁜지 모른다."

초대 두 번만 더 받았다가는 황천길 가겠네.

✣

중뎬에서는 가 봐야 할 곳이 있었다. '리틀 포탈라'라고 부르는 송찬림사(松贊林寺)다. 상주하는 승려가 700여 명에 이르는 거대한 사원으로, 티베트 전체로 봐도 다섯 손가락 안에 꼽힐 정도로 큰 사찰이다. 지붕 전체를 황금색으로 덮어 화려하기로 치면 포탈라궁보다 더하다. 1679년에 5대 달라이라마가 지었으며, 청나라 강희제가 '송찬림사'라는 이름을 내렸다 한다.

윈난성과 접한 동부는 티베트 전체에서 가장 풍요로운 땅이다. 물자도 풍부하고 인구도 많다. 인간은 생존을 위한 투쟁에서 벗어나 삶의 여유를 찾게 되면 예술과 문화에 관심을 갖게 마련이다. 지역 유지와 고승들은 앞다퉈 송찬림사에 시주해 자신의 이름을 단 법당을 건설했다. 르네상스 시대 귀족들이 성당에 후원금을 기부하고 전용 기도 공간을 짓던 행태와 비슷하달까? 겔룩파 시조 종카파를 모신 대웅전을 중심으로 그런 법당들이 번식하듯 점점 불어나 현재 송찬림사의 외형을 완성했다.

중뎬 시내에서 송찬림사까지는 허허벌판이었다. 아스라이 멀리 보이는 사원까지는 1시간 넘게 걸어야 했다. 사원으로 향하는 시골길은 바싹 말라 걸음을 내디딜 때마다 흙먼지가 피어올랐다. 10월 하늘은 시리게 맑고 높았다. 길은 한적했고, 간혹 들리는 새소리 만이 이곳이 살아 숨 쉬는 땅임을 알려주고 있었다.

하지만 사원 앞에 도착하자 고즈넉한 분위기는 사정없이 깨져나갔다. 사원 입구에는 기념품을 파는 노점들이 듬성듬성 자리 잡고 있었다. 아직 관광지로 개발되기 전이라 그런지 사람은 거의 없었고, 외지 사람이 보이자 너도나도 달려들어 호객에 열을 올렸다. 해발고도가 3,200m에 달하는 곳에서 때아닌 트레킹을 했더니 고산증세가 다시 찾아왔다. 호객하는 소리에 갑자기 두통이 도져 사원 안에 들어갈 엄두가 나지 않았다.

송찬림사 입구는 108 번뇌를 상징하는 108개의 계단을 타고 올라야 했다. 마치 포탈라궁 입구를 처음 볼 때처럼 압도되는 기운이 느껴지는 계단이었다. 하지만 사원 외관은 쇠

락한 티가 역력했고, 이미 포탈라궁과 죠캉 사원, 드레풍 사원 등 주요 사찰들을 다 둘러보고 난 터라 큰 감흥이 없었다. 멀리서 볼 때는 성냥갑 같은 건물들 군집이 인상적이었지만, 가까이서 바라본 사원은 어둡고 무거워 짓눌릴 듯한 분위기였다. 내부 참관은 포기하고 먼발치에서 사원을 구경했다.

잠시 숨을 돌린 후 중뎬으로 걸음을 돌렸다. 중간쯤 갔을 때, 동자승과 함께 사원으로 돌아가는 노승을 만났다. 멋진 선글라스를 쓴, 인상적인 외모의 승려였다. 그는 카메라를 메고 있는 나를 보더니 손짓으로 자기를 찍으라며 동자승과 함께 자세를 잡아줬다.

'스님이 별일일세, 고맙게…'

사진을 찍고 싱긋 웃어 보인 후 발길을 떼려는데, 동자승이 내 옷자락을 잡았다. 뒤돌아보니 승려가 씩 웃으며 손을 내밀고 있었다. …여기는 중국이었다. 공짜는 없는 곳.

샹그릴라 서사 이전에 티베트는 이미 나에게 동경의 대상이었다. 어린 시절 〈3X3 아이즈〉를 본 후 각인된 환상의 영역이었다. 명확하진 않았지만 티베트에 가면 무엇이든 느끼고, 깨닫고, 얻을 수 있을 거라 생각했던 것 같다. 여행 중에 만난 사람들도 마치 인도에서 깨달음을 구하듯, 티베트에서 영적인 체험을 원했다.

하지만 이상향은 그런 식으로 존재하지 않았다. 일상과 종교가 완벽하게 합일한 티베트 사람들 삶의 형태는 분명히 나에게 영감을 줬지만, 현실에서 만난 사람들은 순식간에 나를 가장 세속적이고 속물적인 영역으로 끌어내렸다. '샹그릴라'라는 이름은 오히려 독이 됐다. 거기서는 무엇도 찾을 수 없었다.

생각이 바뀐 건 레이븐 바에서 아동과 제이슨, 애니를 만난 후였다. 여행이 길어지며 결핍이 중첩되던 시점이었다. 계속 새로운 풍경을 마주하며 감각적인 호기심은 채웠지만 몸이 축나고 있었다. 짧은 만남과 이별이 반복돼서였을까? 외롭다는 생각도 들기 시작했다. 아마도 그래서 레이븐 바에서 정신을 놓고 술을 퍼마셨던 것 같다. 어쩌면 위험할지도 모르는, 낯선 곳에서 정신을 잃는 추태를 부렸음에도 따뜻하게 나를 보듬어준 아동을 떠올리며 머릿속이 시원해졌다. 이상향은 현실이 아니라 내 마음 안에 있는 것이었다. 사랑하는 사람들에게 위로받을 수 있는 곳. 때로는 지루하게 반복되는 일상이 있는 곳, 그래서 오히려 아무 걱정이 없는 곳. 거기야말로 샹그릴라였다. 문득 여행의 끝에 닿게 될 그곳이 그리워졌다. 하지만 아직은 돌아갈 때가 아니었고, 그날을 기대하며 다시 발걸음에 힘이 붙는 걸 느꼈다.

사진값을 요구했던 송찬림사 승려

일반인 老百姓

1978년, 개혁개방(改革开放)을 천명한 덩샤오핑은 1985년 선부론(先富论)을 주창했다. "능력있는 사람 먼저 부자가 돼라. 그리고 낙오된 사람을 도와라."라는 논리였다. 덩샤오핑은 낙관론자였을까? 아니면 인민을 기만했던 것일까?

❖

불볕더위가 작렬하는 여름에 시작한 여정은 어느새 100일을 훌쩍 넘겼다. 고원의 날씨는 완연한 가을로 접어들었다. 샹그릴라 이후 여정은 청두로 들어가 구채구로 향하는 길이었다. 지리적으로 가까운 리장, 다리 등 윈난성을 돌아볼 계획이긴 했지만, 단풍철이 끝나기 전에 구채구에 먼저 가봐야겠다는 속셈이었다.

　윈난에서 쓰촨으로 넘어가는 길은 버스를 여러 차례 갈 아타고 가야 하는 험악한 산길이었다. 열두 시간 이상, 때로는 24시간을 꼬박 버스로 달려야 하는 구간도 많았는데, 그러다 보니 침대 버스가 부지런히 도시와 도시를 오가던 시절이었다. 판즈화(攀枝花)로 가는 침대 버스에 오르니 자욱한 담배 연기와 지독한 발냄새가 나를 맞았다. 이제는 우스갯소리가 됐지만, 중국 재래식 화장실과 위생관념은 사악하다는 표현을 쓰고 싶을 만큼 엉망이었다. 물론 수도와 샤워 시설이 미비한 가정이 많던 시절이라 매일 씻는 게 쉽지 않았을 터였다. 학교에서 만난 친구들은 그런 중국의 현실을 부끄러워했지만 개선할 방법은 없었다. 따라서 그 열악한 환경을 비하하거나 조롱하는 건 불합리한 처사였다.

그럼에도 불구하고 냄새는 지독했다. 수시로 두통이 찾아오고, 때로는 구토를 유발했다. 원흉은 내 옆자리에 길게 드러누운 남자였다. 나부터도 여행하면서 며칠씩 못 씻는 경우가 비일비재했던지라 타인의 냄새를 탓할 처지는 아니었는데, 그 남자는 상식을 초월했다.

"당신 발냄새가 너무 지독하여 정신이 혼미하오. 신발을 신어주면 안 되겠소?"

내 침대 위칸에 자리한, 억센 쓰촨 억양의 중년 남자가 범인에게 정중하게 한마디 했다. 그러자 놀랍게도 범인은 멋쩍은 표정으로 주섬주섬 구두를 꺼내 신었다. 냄새는 이내 사라졌고, 버스 안에는 평화가 찾아왔다.

구불구불한 산길을 달리느라 버스는 쉴 새 없이 흔들렸다. 좁아터진 침대칸에서 선잠이 들었다가 내리라는 승무원 고함소리에 눈을 뜨니 어느새 새벽 6시였다. 창문 밖으로는 어슴푸레 동이 트고 있었다. '판즈화'라는 지명이 적힌 간판이 어렴풋이 보였다. 밤사이 버스는 호도협과 리장을 거쳐 윈난성과 쓰촨성 경계인 판즈화시에 들어선 것이다. 잠시 눈을 감았다 뜬 것 같은데 더 이상 티베트 고원 정취는 느낄 수 없었다. 또다시 네모반듯하고 황량한, 무채색의 중국 도시가 날 맞았다.

발냄새의 원흉을 처단한 남자와 대화를 텄다. 남자는 충칭(重庆)에 사는 평범한 직장인이었다.

"청두에 들러서 일을 보고 집으로 돌아갈 거야."

외국인이 이 산골짜기까지 들어와 다니는 게 신기했는지 질문이 꽤 길게 이어졌다. 그간 만난 성질 급한 쓰촨 사람들과 달리 꽤 점잖았던 이라 기억에 남는다. 그보다는 발냄새를 잡아낸 그 용맹에 반했던 것 같다. 청두로 향하는 기차 안에서도 그는 귀찮을 정도로 쓰촨과 청두의 지리, 역사, 환경 등에 대해 설명해 주고, 나의 편의를 봐줬다. 점잖게 수다스러웠던 그 덕분에 샹그릴라를 떠나면서 부서질 뻔했던 멘털이 치유되는 걸 느꼈다. 도무지 적응할 수 없을 듯했던 쓰촨식 억양도 조금씩 귀에 익었다.

"쓰촨 성은 강이 많은 지역이라 같은 위도의 다른 지역보다 더워. 사시사철 습한 건 기본이지. 게다가 연중 강수량이 많아 맑은 날 보기가 힘들어. 그래서 관절염을 앓는 사람도 많고, 그 꿉꿉한 기분을 해소하기 위해 매운 음식이 발달했다는 얘기도 있어. 아, 습기 때문에 사람들, 특히 여자들 피부가 좋아서 미인이 많은 건 장점이려나?"

판즈화에서 탄 기차는 청두를 경유해 베이징까지 달리는 장거리 기차였다. 수도까지 가는 기차다 보니 객차는 매우 깨끗하고 쾌적했다. 기차가 달리기 시작한 지 얼마 지나지 않아 창밖 풍경은 구름이 짙게 낀, 습하고 축축한 쓰촨 농촌 풍경으로 바뀌었다. 삼모작을 하는 무더운 지방답게 10월에도 논에 물을 대놨고, 논두렁에는 거대한 물소가 웅장한 아치형 뿔을 뽐내며 풀을 뜯고 있었다. 꾀죄죄한 인민복을 입은 목동 아이가 물소 등 위에 늘어져서 입에 문 강아지풀을 빙빙 돌리며 기차를 쳐다보고 손을 흔들었다. 기찻길 옆으로는 이름 모를 소수민족 아낙들이 파란 블라우스에 감색 앞치마를 두르고 희한한 모양의 모자를 쓴 채 뭔가를 잔뜩 이고 지고 지나다녔다.

충청맨은 중국의 낙후한 사회 인프라와 문화 수준을 부끄러워했다. 그러면서 한국의 발전상을 부러워했다. 나는 충청맨의 의견에 완전히 동의할 수는 없었다.

"글쎄요, 내가 갔던 중국의 대도시들은 이미 상당히 발전했던 걸요? 도시 인프라는 한국 대도시와 차이를 잘 못 느낄 정도였어요."

"그건 네가 모르는 말이지. 비록 중국 도시들이 빠른 속도로 발전하고 있지만, 중국 전체 인구 14억 중 8억이 농촌 사람, 방금 네가 본 수준의 찢어지게 가난한 촌부들이야. 중국이 땅이 워낙 크고 사람이 많으니까 네가 도시에서 느낀 그 모습이 중국의 현재로 보일 수도 있겠지만, 사실상 중국인들이 말하는 '일반인(老百姓, 라오바이싱)'은 저런 사람들이야. 네가 본 도시의 모습은 중국의 아주 일부분에 불과해."

듣고 보니 맞는 말이었다. 거대한 대륙은 '세계'라고 표현해도 모자라지 않을 정도로 다양한 지리적, 인문적 경관을 보여준다. 그 차이는 단지 '다르다'는 단어로는 포괄하기 어려운 규모다. 충청맨이 지적한 대로 중국의 빈부격차는 특히 심각했다. 당시 우스갯소리로 "중국에는 우리나라 인구수만큼의 갑부가 있다."는 말이 있었다. 그런가 하면 베이징, 상하이 등 대도시에는 이른바 '농민공(農民工)'이라 부르는, 일자리를 찾아 무작정 상경한 촌부들이 빈민보다도 지독한 상황에서 돈을 벌기 위해 악전고투를 벌이고 있었다. 누군가의 커피 한 잔 값이 그들에게는 하루 일당인, 말도 안 되는 빈부격차였다. 당시 중국 정부는 빈부격차를 해결하지 못하면 중국의 미래는 없다는 인식을 갖고 어떻게든 빈민을 구제하기 위해 노력했지만 쉽지 않은 일이었다.

위. 몐양 이백(李白) 사당의 촌부, **아래.** 청두 티엔푸광장의 자전거 행렬

아미산의 지게꾼

20년이 지난 지금도 여전히 빈부격차는 존재하지만 그때만큼 심각하지는 않아 보인다. 생산력이 증가하고, 경제 규모가 말도 안 되게 커지면서 낙수 효과로 인한 빈민 구제 정책이 어느 정도 실효를 거뒀는지는 모르겠다. 하지만 2008년 베이징 올림픽 때 도시 미관을 해친다는 이유로 도시 빈민들을 대책도 없이 길거리로 내몰고 재개발을 추진했던 때를 생각하면 과연 중국이 어느 정도까지 답을 찾은 것인지 의아하기도 하다.

나는 공산당이 싫어요

"황산(黃山)을 보고 나면 다른 산이 눈에 안 들어오고, 구채구(九寨沟)를 보고 나면 다른 물이 눈에 안 들어온다."

✥

  황산, 장가계(张家界)와 함께 중국 3대 비경으로 불리는 구채구는 1970년대 초반에야 세상에 그 존재가 알려졌다. '아홉 개의 마을이 있는 골짜기'란 뜻인데, 일설에 따르면 토번과 당나라가 전쟁을 벌일 때 징집됐던 군인들이 고원으로 돌아가지 못하고 남아 정착하면서 만들어진 아홉 마을이라고 한다. 중국의 대표적인 카르스트 지형으로 석회질이 빙하에 녹아 흘러내린 물이 계곡 곳곳을 지나며 수많은 호수와 연못을 만들었다. 빙하수에 녹은 석회질은 수심과 주변 경관에 따라 다양한 색을 띠게 됐는데, 우차이츠(五彩池) 와 우화하이(五花海)로 대표되는 오색찬란한 빛깔이 구채구를 상징한다. 처음 보면 정말로 이 세상 풍경이 아닌 듯한 황홀함을 느끼게 된다. 안타깝게도 2008년 쓰촨 대지진 때 일부 호수가 망가졌지만, 그 또한 자연의 순리이기에 원래대로 복구하지 않고 정비를 마쳤다.

구채구는 Y자 형태로 생겼다. 입구부터 수정구(树正沟)까지는 직선이지만, 수정구에서 탐방로가 두 갈래로 갈라진다. 전 지역에 산책로를 잘 조성해 놨지만, 총장 46km에 달하는 어마어마한 규모 때문에 걸어 다니기 쉽지 않다. 심지어 Y자 코스의 한쪽을 다 보고 나면 같은 길을 타고 내려와 반대편으로 다시 올라가야 하기에 동선이 늘어난다. 그래서 구채구 내부에는 여행자를 위한 셔틀버스를 운행했다. 승차권을 끊어놓으면 중간에 정해진 정거장에서 마음대로 버스를 타고 이동할 수 있는 시스템이었다. 패키지로 들어가는 팀은 전세 버스를 대절해서 다니기도 했다.

또한 규모가 엄청나기 때문에 구채구 내에 있는 수정구, 측차와구, 일측구 세 개 마을의 민가에서 민박을 겸하기도 했다. 그러나 사스 사태 이후 중국 정부에서 구채구 내부의 숙박 영업을 전면 금지시켰고, 관광객은 하루 일정이 끝나면 무조건 구채구 밖으로 나갔다가 다음날 다시 표를 끊고 들어가야 했다.

수정구로 들어가는 입구

아침 7시에 구채구로 가는 차표를 예매해 놨는데 일어나니 7시였다. 느지막이 일어나 끼니를 해결하고 버스 정류장으로 갔더니 구채구 가는 마지막 버스가 방금 떠났단다. 별수 없이 다음날 표를 끊으려 하는데 매표창구 옆에서 짐을 한 보따리 지고 있던 군인이 말을 걸었다.

"혹시 구채구 갑니까?"
"네."
"저도 차를 놓쳐서 그러는데요, 오늘 구채구 간다는 차가 한 대 있는데 혼자 타기엔 요금이 부담돼서요. 혹시 같이 갈 생각 있으세요? 저는 오늘 반드시 복귀해야 하거든요."

계산해 보니 숙박비, 식비, 표값, 버는 시간까지 고려하면 손해 보는 장사는 아니었다. 군인은 승합차 기사와 흥정해 꼼꼼하게 차비를 깎았다. 덕분에 나도 생각보다 싼 가격에 차를 탈 수 있었다. 구채구로 향하는 두 시간 동안 앞자리에 앉은 군인은 멀미 때문에 수시로 구토했다. 그걸 보는 난 해장이 덜 된 속 때문에 내내 고생이었다. 구채구에 도착해 보니, 조금 바래긴 했지만 단풍이 색을 유지하고 있었다. 온통 회색빛이던 하늘도 어느새 개어 푸른 하늘이 드러났다.

숙소로 들어가는 길에 매표소에 들러 다음날 입장권을 미리 구매했다. 마침 구채구 관람을 끝낸 사람들이 쏟아져 나올 시간이었다. 중국 최고 관광지 구채구 답게 어마어마한 인파였다. 사스 봉쇄령이 풀린 지 어느덧 넉 달이 지난 터라, 슬슬 중국 관광산업이 제자리를 찾아가던 시기이기도 했다. 하늘을 보니 자동차들이 뿜어놓은 갈색 매연이 높은 산에 가로막혀 길을 잃고 계곡을 맴돌고 있었다. 구채구는 중국 정부가 중점 관리하는 자연보호구역이었지만, 당시 낙후한 중국의 자동차와 정제되지 않은 석유가 만들어낸 공해는 답이 없었다.

다음 날 개장 시간에 맞춰 구채구 풍경구에 들어섰다. 버스 승차장으로 내달리는 사람들을 피해 숲에 난 산책로를 따라 걸었다. 하얗게 서리가 내린 단풍나무 길을 홀로 걸으니 조금 적적했지만, 시원한 물소리와 새소리, 상쾌한 공기를 마음껏 즐길 수 있었다. 옆으로 흐르는 계곡물은 더 이상 맑을 수 있을까 싶을 정도로 깨끗했다.

그러나 아무리 걸어도 첫 번째 경관인 펀징하이(分镜海)가 나오지 않았다. 산길을 걸은 지 두 시간쯤 지났을까? 숲길이 끝나고 제법 넓게 트인 공터가 나왔다. 맞은편에서 현지인으로 보이는 장족 남자 하나가 걸어 내려오다가 나를 보고 흠칫 놀라는 기색이었다.

"걸어서 가려고?"

"네."

"그러지 말고 가다가 버스 정류장 나오면 버스 잡아 타. 여기 걸어서 다닐 만한 곳이 아니야. 미니 버스는 웬만하면 거르고, 큰 버스는 가슴에 노란 딱지 붙인 사람 없으면 표 검사 안 하니까 그냥 타. 그리고 창하이(长海)던 원시삼림(原始森林)이던 한쪽 끝까지 올라가. 거기서부터 내려오면서 편하게 구경해. 그리고 저녁엔 수정구에서 묵은 다음, 내일 나머지 마저 가 보고."

편법을 권하는 친절함이 머쓱했지만, 들어보니 남자의 말을 따르지 않으면 구채구에서 빠져나가지도 못할 듯했다. 안에서 표를 끊을 방법도 없었던지라 버스를 타기로 했다. 여차하면 현장에서 돈을 내야 했다.

구채구 풍경은 명불허전이었다. 느긋하게 경치를 감상하며 천천히 사진을 찍으며 돌아다니다 보니, 베이스캠프로 찍어놓았던 수정구에 닿았을 땐 이미 정오였다. 매점을 운영하는 듯한 집이 있기에 주전부리를 사서 점심을 해결했다. 혹시나 싶어서 주인에게 물었다.

"혹시 방 있습니까?"

"있지요."

"정부에서 계곡 내 모든 영업행위를 중지시켰을 텐데, 그래도 됩니까?"

주인은 한숨을 내쉬었다.

"우리도 먹고살아야지요. 관광객들 장사로 먹고 살았는데, 갑자기 이렇게 막아버리면 어쩌라는 건지…"

주인의 안내에 따라 2층으로 올라갔더니 정식으로 영업을 했던 숙박업소인 듯, 복도를 따라 번호표가 붙은 방이 줄지어 있었다. 예기(禮記) 단궁편(檀弓篇)에 가정맹어호(苛政猛於虎)라고 했다. 가혹한 정치가 호랑이보다 무섭다. 공산당 독재국가지만 호구지책이 막힌 사람들에게는 물러설 곳이 없어 보였다.

쓰촨 파이터

맵고 얼얼한 '마라(麻辣)'맛은 쓰촨성의 상징이다. 그리고 쓰촨성은 음식뿐만 아니라 사람도 맵다.

✣

구채구를 떠나 청두로 향했다. 청두에서 짐을 정리한 후 윈난성으로 다시 넘어갈 계획이었다. 버스 옆 자리에 앉은 이는 베이징에서 혼자 구채구에 여행 온 중년 여성이었다. 당시 중국인 개별 여행자는 천연기념물보다 희귀한 존재였다. 도저히 호기심을 참지 못하고 "혼자 오셨어요?"라고 물어봤더니 건조한 대답이 돌아왔다.

"몰려다니면 귀찮아서…"

구채구를 빠져나오는 길은 대규모 공사가 벌어져 난장판이었다.

"외자 유치해서 대규모 위락 시설을 만든다더군."

베이징 여자가 냉소했다. 리장(麗江)이 그랬고, 구이린(桂林)이 그랬고, 다리(大理)가 그랬듯이 바야흐로 구채구에도 지우빠(酒吧, 클럽, 펍과 비슷한 술집)가 들어설 채비를 하고 있었다.

구채구에서 청두까지는 반나절 이상이 걸리는 험한 길이었다. 첫 차를 타고 나왔건만 청두 관문인 두장옌(都江堰)에 도착했을 때는 어느새 오후 3시였다. 차가 심하게 밀려 기사에게 물어보니 도로 공사 때문에 통제 중이라고 했다. 다 좋은데 한 시간째 반대편 차선 차들만 통과시키는 건 도저히 이해할 수가 없었다. 나뿐만 아니라 버스에 탄 중국 사람들도 분노가 폭발하기 직전이었다. 사람들이 웅성거릴 때쯤 길이 뚫렸고 여기저기서 툴툴거리는 소리가 들렸다. 버스 기사는 길에서 허비한 시간을 메우기 위해 연신 가속 페달을 밟아댔다. 해가 뉘엿뉘엿 넘어갈 무렵 청두 외곽에 들어서니, 이번엔 시내 교통이 마비 상태다. 절묘하게 퇴근 시간과 겹쳤다. 그 와중에 젊은 청년 하나가 내려야 할 정류장을 놓쳤는지 갑자기 헐레벌떡 기사 옆으로 달려가 문을 열어달라고 억지를 썼다.

"길가에서는 차 못 세워."

기사는 성이 잔뜩 난 얼굴로 대답했다.

"알 게 뭐야! 난 저기서 내려야 했다고! 차 세워!"

청년은 기사석 난간에 걸려있던 수건을 창문에 집어던지고 문을 걷어차며 '난 죽어도 여기서 내려야겠다'며 난동을 부렸다. 이걸 가만히 두고 볼 정도로 성격 좋은 쓰촨 사람들이 아니었다. 남녀노소 모두 들고일어나서 청년에게 욕을 퍼부었다. 하지만 청년 또한 보통은 아니었는데, '남의 일에 상관하지 말라'며 버스 승객 전체와 대거리를 할 기세였다. 결국 열받은 기사가 청두 외곽 순환도로 한가운데 차를 세워버렸다. 청년은 패기 넘치게 차에서 내려 8차선 도로를 가로질러 사라졌다.

"하여간 쓰촨 사람들이란…"

베이징 여자가 고개를 절레절레 흔들었다.

무단횡단하려는 자전거를 잡아 세우는 청두의 교통 지도원

 2007년 여름, 석사 논문 자료 수집과 현장 답사를 핑계 삼아 청두에서 어메이산(峨眉山)에 간 적이 있다. 털털 거리던 시외버스는 불과 4년 만에 우등 고속버스로 바뀌어 있었다. 안락한 승차감에 나른해져 가고 있을 때쯤 사고가 났다. 화물을 잔뜩 실은 트럭이 갑자기 속력을 올리더니 내가 탄 버스 앞으로 난입해 그대로 버스 우측 백미러를 들이받았다. 운전자의 부주의였던 것 같다. 앞에 가던 트럭을 추월할 생각이었던 듯한데, 옆에서 달리고 있던 우리 버스를 못 본 모양이었다. 버스와 트럭이 충돌하기 직전 기사가 급정거했고, 버스 안은 이리저리 날아다니는 짐과 비명소리로 순식간에 아수라장으로 변했다. 나도 모르게 손잡이를 움켜쥐고

고개를 파묻었다. 잠시 좌우로 요동치던 버스는 다행히도 균형을 되찾았다. 황당하게도 트럭은 그대로 뺑소니를 치려 했다. 흥분한 버스 기사는 알아들을 수 없는 쓰촨 사투리로 마구 욕을 퍼부으며 추격을 개시했다. 트럭 기사는 당황한 것인지, 정신이 나간 것인지 계속 내뺐지만 과적 차량이 속도를 낼 수 있을 리가 없다. 결국 버스 기사는 트럭을 갓길에 세우는 데 성공했다. 폭풍 같은 순간이 지나고 정신이 드니 그제야 혈압이 올랐다. 육두문자를 내뱉으며 자리에서 일어났더니, 화끈한 쓰촨 사람들은 이미 나만 빼고 모두 트럭 앞으로 몰려가 있었다.

기사와 승객들은 트럭 기사를 고속도로 갓길로 끌어내려 에워싼 채 인민재판을 벌였다. 버스에서 내려 트럭과 부딪친 앞유리를 살펴보니 총알을 맞은 듯 사방으로 금이 가 있었다. 버스 기사의 기민한 대처 덕분에 심하게 부서지지는 않은 듯했다. 버스 기사는 대략 30분 정도 핏대를 올려가며 트럭 기사와 싸웠다. 기사는 전화번호를 교환하고 인적사항을 메모한 후 자동차 수리비 명목으로 제법 두툼한 돈뭉치를 챙긴 후 다시 차를 몰기 시작했다. 이 과정을 지켜본 승객들은 '우리가 이겼다'는 듯한 득의양양한 표정으로 버스에 올랐다. 웨이칸(围看, 83쪽 참조)을 생각했던 나는 당황했다. 쓰촨 사람 기질은 매운 쓰촨 음식만큼이나 화끈하다고 들었는데 농담이 아니었다.

The Old Town

 리장은 중국 관광산업에서 대단히 중요한 고장이다. 중국을 찾은 배낭여행자들은 가장 중국다운 정취를 간직한 리장 '올드 타운'에 열광했다. 2000년대 초반부터 중국 각지의 지자체는 리장 모델을 충실하게 카피했다. 올드 타운이 있는 곳이면 어디든 리장처럼 꾸몄다. 전 중국의 고성은 목조 건물과 붉은 등불, 화려하게 조성한 야경과 지우빠(酒吧)를 채워 넣었고, 이는 중국 각지 '고성(古城)'의 몰개성화를 야기했다. 그러나 그 와중에도 리장은 1000년 세월을 버텨온 진짜 올드타운 덕분에 여전히 매력적인 도시로 남았다.

✤

 윈난성은 성도(省都)인 쿤밍(昆明)으로 들어가 다리(大理),

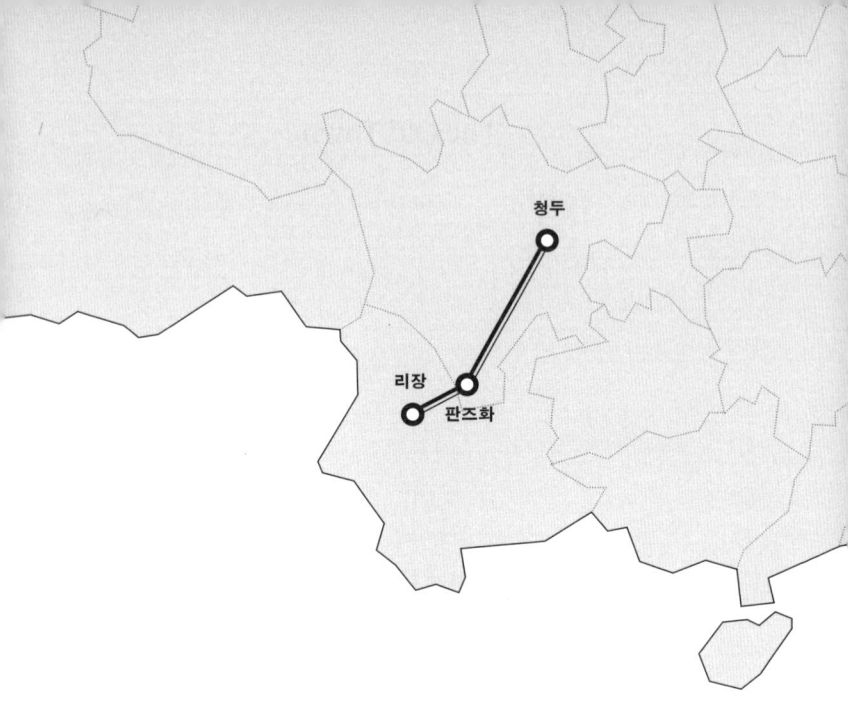

리장(丽江), 호도협(虎跳峡)을 거쳐 샹그릴라(香格里拉)까지 이어지는 여행 루트가 공식처럼 존재한다. 그러니 1주일 정도 시간을 낼 수 있다면 어떻게든 다녀올 수 있고, 다채로운 경험을 할 수 있는 코스로 예전부터 인기가 높았다. 중국이지만 중국같지 않은 곳, 이국적인 풍광과 다채로운 소수민족은 여행자의 호기심을 자극했다. 이는 중국 내에서도 다르지 않아서, 윈난성, 특히 리장고성은 '중국인이 가장 가고 싶은 여행지' 순위 상위권을 놓치지 않고 있다.

내 여정의 핵심 역시 리장이었다. 리장고성은 1997년에

리장고성의 야경

고성 전체가 유네스코 문화유산으로 지정될 만큼 역사적 가치가 높은데, 그보다는 〈센과 치히로의 행방불명〉의 모티프가 된 도시로 더 유명하다. 애니메이션에 등장한 홍등(紅燈)이 걸린 고풍스러운 목조건물에 만든 화려한 온천장은 상상만 해도 가슴이 두근거리는 흥겨운 분위기를 자아낸다. 애니메이션 속 신들이 온천장에서 쉬어갔듯, 나는 리장고성에서 지친 몸과 마음을 쉬어 갈 생각이었다.

❖

여행자는 대부분 쿤밍에서 다리를 거쳐 리장으로 들어가지만, 나는 청두에서 출발했기에 어쩔 수 없이 판즈화 루드를 다시 타야 했다. 구불구불한 산길을 타고 다시 윈난성으로 향하는 길은 온통 시뻘건 적토(赤土)였다. 붉은 흙은 활활 타오르는 생명의 불꽃인 듯했지만, 도로는 말도 못 하게 고역이었다. 포장 상태는 나쁘지 않았지만 터널을 뚫지 않고 산자락을 따라 길을 냈기에 버스가 수시로 크게 굽이돌았다. 사람들은 좌석 손잡이에 매달려 새하얗게 질려갔다.

정오 경 출발한 버스는 해질 무렵 이름도 모를 산골짜기 어딘가에서 결국 퍼져버렸다. 기사는 툴툴거리면서 공구를 들고 버스 밑으로 기어들어갔다. 기사가 한참 낑낑거리고 나니 신기하게도 버스가 다시 움직였다. 하지만 이후 30

분에 한 번 꼴로 문제가 생겨 차가 멈췄고, 그때마다 기사는 버스 밑으로 다시 기어 들어가야 했다. 저녁도 거른 채 산길을 달리기를 몇 시간, 시계는 어느새 밤 11시를 지나고 있었다. 산 꼭대기에 가까운 깜깜한 능선을 달리던 버스 창 밖으로 갑자기 환한 불빛이 들어왔다. 움푹 파인 분지 전체가 주황의 불빛으로 넘실거리고 있었다. 리장이었다.

거미줄처럼 복잡한 고성 골목에는 집집마다 붉은색 따뜻한 등불이 걸려 있었다. 평일 자정이 가까운 시간이지만 고성 중심인 쓰팡지에(四方街)에는 사람이 가득했다. 〈론니 플래닛〉은 리장을 '지도 없이 길을 잃고 헤매는 것으로도 충분한 곳'으로 표현했다. 꽤나 낭만적인 문구였지만 실상은 달랐다. 초행길이라면 아무리 지도를 들여다봐도 길을 찾을 수 없는 곳이 리장고성이었다.

리장에서는 라싸에서 그랬듯이 작정하고 늘어져 쉬어 갈 생각이었다. 낮에는 정겨운 골목을 거닐고, 저녁에는 노천카페에서 맥주 한 잔 마시며 여행지에서 만난 사람들 이야기를 듣고 싶었다. 하지만 어이없게도 11월 초 리장에는 사람이 없었다. 묵었던 객잔 8인실 도미토리는 5일간 내가 독차지했다. 이틀 정도는 고성 구경에 시간 가는 줄 몰랐지만, 사흘째가 되자 정신이 나갈 것 같았다. 고성은 붉은색 등불 아래 야한 기운이 넘실거렸다. 그 황홀한 마을에 덩그러니 놓인 나는 당황스러웠다. 리장은 절대로 혼자 있을 곳이 아

나시고악 연주회

니었다.

✥

화려한 고성에서 따분한 시간에 지쳐갈 때쯤, 쓰팡지에를 지나다가 '나시고악(纳西古乐)'이라 쓰인 공연 팸플릿을 보게 됐다. '1000년 전 원형 그대로의 전통 음악'이라는 문구가 나를 사로잡았다.

명 태조 주원장이 윈난 지방을 정벌하면서 중원의 음악이 리장에 전해졌다. 지형적인 특성상 험한 산들로 주변과 격리되어 있는 리장은 외부 영향을 크게 받지 않아 음악 역시 큰 변화 없이 원래 모습 그대로 지금까지 전수됐다. 그러나 전문적인 교육기관 없이 구전과 사제 전승으로 파편화되어 이어진 음악이었다. 1990년대에 '쉔커(宣科, 1930~2023)'라는 천재가 나타나 체계적으로 정리하여 현재의 나시고악으로 정립했다. 문화대혁명 당시에는 사람들이 악기들을 땅에 묻어 지켜냈다고 하니, 그들의 노고 덕에 오늘날 음악을 듣는 관객 입장에서는 감사할 따름이었다.

공연시간이 가까워 오자 사람들이 몰려들었다. 당시 중국 사람들 문화 수준과 시민의식은 민망한 수준을 넘어서는 것이었다. 악단 막내로 보이는 젊은 여성 연주자가 무대 세팅을 최종 점검하는 사이, 숨이 막힐 정도로 살이 찐 남자

셋이 무대에 올라가 징그러운 웃음을 지으며 악기를 집어 들고 기념 촬영을 했다.

"하지 마세요!"

뒤늦게 발견한 연주자가 날카롭게 소리 질렀지만 남자들은 여유만만했다.

"알았어, 한 장만 더 찍고."

결국 남자 단원들이 이들을 말리려 달려왔고, 남자들은 황급히 사진을 한 장 더 찍더니 악기를 내동댕이 치고 무대에서 내려갔다. 자리에 앉은 남자들은 거만하게 다리를 꼬더니 담배를 꼬나물고 가가대소했다. 주변 사람들은 아무 말도 없었다. 그들과 시선을 마주치려고도 하지 않았다. 연주자들은 표정이 엉망이 된 채로 다시 무대를 세팅했다.

남자들의 무례함이 시발점이었는지, 연주가 시작되자 다른 관객들도 앞다퉈 무대 앞으로 몰려들어 사진을 찍어댔다. 그리고 객석에 앉은 관객들은 그들에게 시야가 가린다며 소리를 질러댔다. 무례함과 무례함이 싸우는 소리에 음악은 소음으로 변했다. 자연 머리끝까지 뿔이 돋았고 '중국은 아직 멀었다'는 생각이 다시 한번 머리에 각인됐다.

당시만 해도 중국인의 시민의식은 개선 불가능할 듯했다. 그러나 20년이 흐른 후, 다시 찾은 중국은 분명히 바뀌어 있었다. 특히 20~30대 젊은층의 시민의식은 놀라울 정도였다. 여행지에서 만난 젊은이들은 타인을 배려할 줄 알았고, 자신감이 넘쳤으며, 당당했다. '중국은 이래서 안돼'라고 자조하던 샤오장의 모습이 스쳐 지나갔다. 20년은 중국인에게도 충분한 시간이었다. 이 변화가 반가우면서도 아쉬운 건, 아마도 내 어린 시절 기억이 이젠 퇴색되어 간다는 아쉬움 때문이었으리라.

세상에서 가장 깊은 협곡

 호도협 虎跳峽. 서쪽 하바설산(哈巴雪山)과 동쪽 옥룡설산(玉龍雪山) 사이 절벽이 만들어낸 계곡이다. 폭이 좁아 호랑이가 협곡을 뛰어넘어 다녔다는 전설이 있다. 호도협 트레킹 코스는 16km에 달하는 산길을 걷는 내내 옥룡설산의 절경이 따라오는 기가 막힌 여정이다. '세계 3대 트레킹 코스', '세계에서 가장 깊은 협곡' 등의 수식어가 따라다닌다. 물론 사실인지는 알 수 없다.

✥

 호도협 트레킹은 옥룡설산의 주봉을 바라보며 하바설산 중턱 완만한 산길을 걷는다. 옥룡설산 주봉이 바로 눈앞에 있어서 어디서도 보기 어려운 장관을 빚어낸다. 코스 초입

호도협

'28밴드'를 제외하면 힘들지 않게 걸을 수 있다. 하지만 28밴드는 '여기가 지옥이다'라는 생각을 지울 수 없게 만든다. 20년 전부터 중국 여행객들 사이에서 '꼭 가봐야 할 여행지'로 회자된 곳이며, EBS 〈차마고도〉 다큐멘터리 방영 이후 한국 여행객이 폭증했었다. 현지에서 만난 중국인들이 "한국 사람은 왜 이렇게 호도협을 좋아하나?"라고 물어본 일도 있었다.

지금도, 당시에도 리장에 갔으면 호도협까지 다녀오는 게 '국룰'이었다. 호도협으로 향하는 미니 버스에는 80L급 배낭을 꽉 채운 백인 트레커 커플과 이국적인 외모의 중국인 커플, 그리고 뭔가 기분 나쁜 눈매의 중년 남자 둘이 탔다. 정시에 출발한 버스는 야트막한 산길을 타고 달렸다. 창밖으로는 내내 옥룡설산이 함께 달렸다. 건기인 리장의 가을 날씨는 환상적이었다. 단풍은 이미 사라졌지만 하늘은 청명했고, 달력의 '11'자가 무색하게 포근했다. 이어폰을 꽂고 멍하니 창밖 풍경을 감상하다가 배터리가 다 돼서 CDP를 정비하려고 이어폰을 뺐더니, 운전기사가 눈매 사나운 중년 남자들에게 일장 연설을 하고 있었다.

"모택동은 개뿔! 공산당이 하는 게 뭐야? 문화대혁명 때문에 이 나라가 어떻게 됐어? 중국 경제가 왜 이모양이 됐는데? 개혁개방의 효과가 있긴 있나? 남한과 북한의 경제력 차이만 봐도 공산주의가…"

다시 생각해 보니 중국 땅에서 입에 올리기에는 모골이 송연한 내용이었는데, 운전기사는 목에 핏대를 세워가며 열변을 토했다. 중국의 라오바이싱(老百姓, 일반인)이 맞는 걸까? 문화대혁명 때 하방(下放, 일종의 유배)한 지식인이 여전히 그곳에서 운전대를 잡고 있는 건 아닌지 의심스러울 정도로 남자의 논리는 날이 서 있었다. 얼마나 시간이 흘렀을까? 검문소에 수속하기 위해 기사가 차에서 내리자 연설을 듣던 남자들이 한숨을 내쉬었다.

"하여간 못사는 사람들은 공산당 싫어한다니까."

뭔가 앞뒤가 맞지 않는 말이었다. 모두가 평등하게 잘사는 사회를 꿈꿨던 공산주의 이념은 20세기의 지난한 실험을 통해 실패를 증명했다. 하지만 중국식 공산주의는 공산당 비호 아래 권력과 재물을 가진 자의 편이 되는 기형으로 진화했다. 덩샤오핑의 흑묘백묘론은 수단과 방법을 가리지 말고 부자가 되라는 뜻으로 왜곡됐다. 중국의 전통적인 꽌시(关系) 관념은 부정부패의 지름길이 됐다.

그 모순의 현장을 목도하니 목 안쪽이 깔깔해졌다. 신장 위구르 자치구와 티베트 장족 자치구를 지나, 윈난성과 쓰

28밴드 정상에서 바라본 옥룡설산

촨성 오지를 돌아 나오면서 중국의 기막힌 빈부격차에 아연 실색했다. 시골 사람들은 그렇게 사는 게 당연하다고 여기고 있었고, 도시 사람들은 어떻게 해야 더 잘 살 수 있는지 치열하게 머리를 굴리고 있었다. 과연 중국인들은 변질된 건국이념을 어떻게 받아들이고 있을까?

✥

버스는 오전 10시 반에 호도협 트레킹 관문인 치아토우(桥头)에 도착했다. 코스 중간지점이자 1박 2일 일정의 숙박지로 점찍은 중도객잔(中途客栈)까지는 악명 높은 28 밴드를 포함, 7시간 넘게 걸어야 하는 난코스였기에 자연 발걸음이 바빠졌다. 사람들이 주로 묵는 차마객잔(茶马客栈)을 건너뛴 이유는 중도객잔에서 묵어야 옥룡설산의 주봉을 바로 눈앞에서 볼 수 있기 때문이었다.

두 시간 정도 이어지는 지루한 오르막길을 올라 본격적인 트레킹 시작점인 나시객잔에 닿았다. 점심 식사를 주문하고 숨을 고르고 있었더니, 나와 함께 미니 버스를 타고 온 이들이 줄줄이 객잔으로 들어섰다. 이국적인 외모의 중국 커플은 모소족(摩梭族) 여자와 베이징에서 온 남자였다. 상당한 미인이었던 모소족 여자는 시종일관 남자친구에게 매달려 애교를 부리느라 정신이 없었다. 그 모습을 보며 어색

함을 감출 수 없었는데, 내가 아는 모소족은 여전히 모계사회의 전통을 이어가는 부족으로 유명했기 때문이다.

이들의 결혼 풍습은 '주혼(走婚)'이다. 남녀가 서로 마음에 들면 남자가 밤에 여자의 방에 찾아가는 걸로 끝난다. 남자의 역할은 일견 '씨내리'에 그치는 듯했다. 가족의 가장은 연장자인 여성(보통 할머니)이며, 집안의 남자 어른은 가장인 여성의 남자 형제다. 아이들 아버지는 자기 본가에서 살아간다. 2004년 겨울에 모소족의 고장인 루구후(泸沽湖)에 다녀온 적이 있었는데, 당시 묵었던 모소족 민박 가족 형태가 정확히 그랬다. 그러니, 그런 모소족 처녀가 남자친구에게 매달려 있는 모습은 내 상식을 뒤집는 것이었다.

점심을 다 먹고 길을 나서는데 니시객잔 주인이 나를 불러 세웠다.

"이거 전에 왔던 한국 사람이 만든 거야. 가져가면 도움이 될 거야."

객잔 주인이 건넨 건 한글이 병기된 호도협 지도였다. 어차피 외길이긴 하지만, 친절하게 화살표와 각 포인트의 한글 명칭이 표기된 지도를 보니 반가웠다. 지도를 건네며 싱긋 웃는 객잔 주인의 미소가 따뜻했다. 여행 중 만난 많은 사람 중 인연으로 남은 건 결국 친절한 사람이다. 아마도 내

심력을 갉아먹는 이기적이고 불쾌한 사람들에게 지쳐갈 때쯤 그런 인연들을 만났기에 여행을 계속할 수 있었던 것도 같다.

✥

28밴드는 들은 대로 험악했다. 가파른 산길을 28번(중간에 만난 현지인 짐꾼이 '원래는 32개'라며 웃었다) 지그재그로 꺾어 올라가야 한다. 짧은 구간에 급격하게 고도를 높이기 때문에 체력적으로 굉장히 힘들다. 사진을 찍겠다는 일념으로 카메라에 삼각대까지 챙겨 갔던 터였다. 28밴드 중간에는 삼각대를 절벽 아래로 던져버리고 싶은 충동을 애써 억눌러야 했다.

어느 순간 시야를 가로막던 오르막이 보이질 않아 고개를 쳐드니 눈앞에 옥룡설산이 웅장한 자태를 뽐내며 나를 내려다보고 있다. 그리고 그곳에서 고용인을 기다리던 짐꾼이 '축하한다'는 말과 함께 싱긋 웃었다. 넓게 트인 시야에 쏟아져 들어오는 옥룡설산 풍경은 과연 장관이었다. '세계에서 가장 깊은 협곡'이라는 말은 빈말이 아닌 듯했다. 우락부락한 근육같은 웅장한 산봉우리가 시시각각 모습을 바꿨다. 계속 고개 돌려 그 모습을 살피느라 걸음이 느려졌다.

그러나 중도객잔에 닿기 직전 난관에 부딪혔다. 마을로

들어서는 좁은 길목에 들어서자 고삐 풀린 황소 한 마리가 하얀 콧김을 내뿜으며 달려들었다. 나 혼자 있었으면 사달이 났을 듯한데, 거구의 벨기에 트레커를 본 황소는 당황한 눈빛으로 멈춰 섰다. 숨소리는 거칠었고, 침을 질질 흘리고 있는 모습이 몹시 흥분한 것 같았다. 우회할 수 있는 길은 없었던지라 바짝 긴장한 채 놈과 대치했다. 놈은 돌연 길옆에 쌓여있는 풀더미를 들이받더니 뿔을 비벼댔다. 보아하니 고삐가 불편한 모양인데, 가서 긁어 줄 수도 없는 난감한 상황이었다. 다행히 잠시 대치하고 있자니 뒤에 오던 사람들이 속속 도착했다. 인원이 10명 정도로 불어나자 황소는 당황한 듯 눈알을 굴렸다. '다구리 앞에 장사 없다'는 말은 사실이었다. 얌전해진 놈의 옆을 조심스럽게 지나고 나니 절로 한숨이 새어 나왔다.

중도객잔에 도착하니 과연 옥룡설산 산봉우리가 손에 닿을 듯 가까이 보였다. 길에서 만났던 트레커들은 대부분 차마객잔을 건너뛰고 중도객잔으로 모여들었다. 한나절 길에서 앞서거니 뒤서거니 얼굴을 익힌 이들은 자연스레 맥주 한 병씩 손에 들고 객잔 식당으로 향했다.

"난 베이징에서 일하고 있어. 휴가 내고 남자친구랑 집에 온 거야."

내 호기심을 자극했던 모소족 아가씨가 말했다. 주혼 풍습에 대해 물었다.

"아직 대부분 그렇게 살아. 하지만 난 아냐. 전통을 지키는 것보다 도시로 나가 내 삶을 살고 싶었어."

이미 밝혔듯이 여행의 동력은 호기심이었다. 중국 곳곳을 돌아다니면서 전통 사회의 일면, 평범한 중국인의 삶을 들여다보고 싶었다. 하지만 투루판에서도 그랬고, 티베트에서도 그랬고, 모소족 아가씨와의 만남도 그러했다. 어쩌면 나는 내 멋대로 중국과 중국인의 전형을 재단하고 있었던 것 같다. 내가 보고 싶은 걸 보는 게 아니라, 내가 보게 되는 걸 그대로 봐야 하는 것이었다. 문득 조캉 사원 입구에서 오체투지하는 장족 사람들에게 카메라를 들이대던 사진가들과 나의 모습이 크게 다르지 않을 수도 있겠다는 생각이 들었다.

신사와 중국인

 호기심에 시작한 여행은 끝이 났다. 수많은 만남과 경험이 내 사고방식에 영향을 미치고 있었다. 혼자 있는 시간이 길어지면서 '나 무엇 때문에 여행을 다니고 있는가?'라고 자문하는 일이 늘었다.

✢

 호도협에서 돌아온 다음날 아침에 눈을 뜨니 온몸이 비명을 질러댔다. 몸을 추슬러야 다음 행선지로 넘어갈 수 있을 듯해 하루는 푹 쉬기로 했다. 마침 내가 묵던 숙소는 리장고성 내에서도 고지대인 사자산(獅子山) 꼭대기에 있었다. 옥상에 비치된 일광욕 의자에 누우면 옥룡설산을 바라볼 수 있는 기막힌 곳이었다.

조금 늦은 점심을 먹은 후 라싸에서 다른 여행자와 교환한 〈티베트에서의 7년〉을 들고 옥상에 올랐다. 커피 한 잔 끓여 오후 햇살을 받으며 느긋하게 책을 읽고 있는데, 금발 중년 남자가 옥상으로 올라왔다. 내 옆자리 의자에 늘어진 그는 잠시 눈을 감고 햇빛을 음미하더니 한숨을 한번 내쉰 후 눈을 뜨곤 나를 바라봤다.

"티베트에 갔었나요?"

내가 읽고 있던 책을 보더니 묻는다. 그의 이름은 '크리스'였고, 영국인이었다. 큰 키에 조금 마른 체형, 구부정한 어깨를 한 남자였다. 금테 안경 너머로 보이는 눈빛은 부드러웠으며, 영국 악센트가 느껴지지 않는 희한한 영국인이었다. 부드러운 저음의 목소리로 느릿느릿 말하는 그를 보고 있으면 왠지 나른해졌다.

"일하다가 지쳐서 때려치우고 4년째 태국 카오산로드에 박혀서 쉬고 있지요. 태국은 물가가 싸고 사람들이 유순해서 좋긴 한데, 11월은 한참 우기라 비에 질려 비를 피하려고 중국에 왔어요."

여행 중에 다시 여행을 떠나온 재미있는 사람이었다. 사람들이 추천해서 찾아온 리장은 자기에게는 너무 춥다며, 따뜻한 시솽반나로 갈 예정이라고 했다. 영국 사람이 추위에 진저리치는 모습이 조금 우스웠다.

크리스는 호기심이 많았다. 내가 중국문학을 전공했다고 하니 중국에 관한 질문을 폭포수처럼 쏟아냈다.

"'중국'의 의미가 뭔가요?"

"고대 중국인들은 중국이 세상의 중심이라고 생각했죠. 영토는 거대했고, 주변 국가들은 중국보다 약했으니까요."

"중국인들이 중화사상을 갖게 된 이유는 뭐라고 생각해요?."

"나라 이름이 중국(中國)이잖아요. 게다가 세계 어느 나라도 비교하기 어려운 수준 높은 문화를 발전시켰죠. 그들이 보기에 중국보다 위대한 나라는 없었을 거예요."

"이전에 한국과 일본을 여행했어요. 내가 보기에 두 나라는 이미 충분히 발전한 나라였어요. 중국도 그렇게 될까요?"

"이번에 중국을 여행하면서 많은 지역을 지나왔어요. 쓰촨에서 만난 중국인이 '중국은 빈부 격차를 해결하기 전에는 선진국이 될 수 없다'고 말했죠. 하지만 외국인인 제가 보기에 중국의 성장 가능성은 충분해요. 사람, 자원, 시장 모

사자산 정상 까페에서 바라본 리장고성

두 거대하죠. 그리고 중국인의 교육열도 무시무시하고요."

"문화대혁명은 왜 일어났나요?"

"모택동과 측근들이 권력을 잃었죠. 이유는 1950년대 대약진운동의 실패였어요. 하지만 권력을 되찾고 싶었던 그들은 어린 학생들을 부추겨 '낡은 것은 모두 부수고, 새로운 시대를 열어야 한다'며 문화대혁명이라는 희대의 미친 짓을 벌였죠. 결국은 권력 다툼이었어요."

"중국인의 반미감정은 어떤가요?"

"나는 중국인이 아니라서 잘 몰라요. 중국 친구들은 미국을 좋아하지는 않더군요. 하지만 그 친구들도 '우리에게 도움이 된다면 친구가 되지 못할 이유가 없다'라고 말해요."

잘하지도 못하는 영어를 구사하다 머리에 쥐가 나는 듯했다. 다행히 크리스는 말을 천천히 했고, 내가 알아듣기 어려울까 봐 쉬운 어휘만 구사했다. 내 말이 끝나기 전까지는 조용히 경청했고, 심하게 버벅거리면 "이 뜻인가요?"라며 말을 이어줬다. 호도협 중도객잔에서 다국적군과 상대할 때, 시도 때도 없이 'pardon'이라는 소리를 들어 주눅 들었던 기억이 새삼스레 떠올랐다. 상대에 대한 배려가 몸에 익은 그는 분명히 신사였다.

✤

크리스와 대화한 후 이상한 느낌이 들었다. 그에게 중국에 대해 설명하다 보니 마치 내가 중국인이 된 양, 나는 중국인의 입장에서 중국을 변호하고 있었다. 여행하는 동안 '중국인은 이해할 수 없다', '중국인은 상종 못 할 사람들이다'라고 거의 결론을 내려가고 있었다.

당시 중국은 나에게 모순 덩어리로 보였다. 사적으로 만난 이들은 대부분 유쾌하고 친절했으며, 염치와 부끄러움을 알고 감사와 존경을 표할 줄 아는 이들이었다. 상대에 대한 배려를 기반으로 쌓아 올린 관계는 건강했다. 하지만 공적인 관계, 계약이나 조건에 따른 관계로 만난 중국인은 도무지 이해할 수 없는 이들이었다. 그들은 무례하고 뻔뻔했으며, 작은 이익을 위해서라면 욕을 먹는 것도, 타인을 힘들게 하는 것도 아무렇지 않게 생각했다. 나와 개인적인 관계로 엮어진 이들도 누군가와 이해관계가 얽히면 그런 모습을 보일 것이라고는 상상할 수가 없을 정도로 간극이 컸다. 하루에도 몇 번씩 만나게 되는 부조리와 불합리한 상황에 지쳐가고 있었다. 혐오적인 표현, 사고방식은 배척하려 노력했지만, 나도 모르게 터져 나오는 육두문자를 막을 방법은 없었다.

하지만 크리스에게 중국의 역사와 문화에 대해 설명하면서, '어쩌면 사람들이 말하는 중국인의 추한 모습은 일방적인 혐오가 아닐까?'라고 의심해 봤다. 냄새나는 되놈, 시끄

리장고성

러운 중국인, 돈만 밝히는 수전노라는 스테레오 타입은, 어쩌면 깨끗한 물이 부족한 지역적 특색, 당장 생존을 위협받았던 시대를 살아온 이들의 방어기제가 아니었을까? 물론 이미 20세기 초 루쉰(魯迅)이 〈아Q정전〉에서 비판했던 미개한 중국인의 모습은 중화인민공화국 이전에도 있었지만, 이 또한 시대의 한계가 아니었을까? 비근한 예로 우리나라 또한 1980년대까지는 중국 못지않은 '어글리 코리안'의 모습을 자조하는 분위기가 팽배하지 않았던가?

나의 의심은 20년이 지나서 풀렸다. 스마트폰 사용과 디지털화로 강제적인 신용사회에 진입하게 된 중국에서, 누군가를 등쳐먹기 위해 눈을 굴리는 역겨운 중국인은 사라진 듯했다. 불과 20년 전까지만 해도 샤워 시설이 없어서 자주 씻지 못했던 환경은 사라졌고, 도시의 중국인들은 몰라보게 세련된 모습으로 바뀌었다. 소련이 사라지고, 러시아가 늙은 곰이 된 국제 사회에서, 미국과 더불어 세계의 패권을 다퉈볼 만한 대국이 된 중국, 그리고 중국인들은 더이상 비굴하지도, 주눅 들지도 않아 보였다. 중화주의가 다시 고개를 쳐들었고, 오히려 이로 인해 오만하고 무례한 사람들이 등장했다. 결국 사람의 기질과 행동 양식은 주어진 환경과 교육에 따라 얼마든지 바뀔 수 있는 것이다. 불과 80년 전까지만 해도 대만인과 중국인은 '중국인'이라는 동일 범주로 묶였지만, 현재 중국인과 대만인의 태도와 행동 양식이 다른 것도 같은 맥락이리라.

지난 겨울, 대만 가오슝에서 만난 택시 기사에게 대만 사람들의 친절함의 근원에 대해 물었다. 그가 한 대답이 어쩌면 이 의문에 마침표를 찍어준 것 같다.

"대만 사회의 특징이라고 봐요. 우선 악의를 품은 사람이 적다는 것. '측은지심'이라고 하죠. 대만에 온 외국인은 낯선 환경에 던져진 약자죠. 대만 사람들은 '우리가 외지인을 보호해 줘야지'라고 생각해요. 그리고 대만의 국제관계도 연관이 있죠. 대만은 줄곧 중국에게 핍박받고 있잖아요? 우리는 더 많은 국가가 우리를 지지해 주길 바라죠. 만약 우리가 이웃 국가인 한국에 대한 악담을 하거나 안 좋게 대하면, 어떻게 그들의 지지를 얻겠어요?"

향수병

다리(大理)에는 한국 여행자의 아지트가 있었다. 퇴직 공무원 '다리 문씨'가 운영하는 게스트하우스, 'No.3'였다.

✥

다리는 당나라 때(8~9세기)는 '남조(南詔)'라는 이름으로, 송나라 때(9~13세기)는 '대리국(大理國)'이라는 이름으로 존속한 바이족 국가의 수도였다. 고풍스러운 고대 중국의 정취를 간직한 도시로 대리석(大理石)의 이름이 유래한 곳이며, 고전 무협소설 '천룡팔부(天龍八部)'의 무대가 된 곳이기도 하다. 날아갈 듯한 처마와 흰 벽에 파란 무늬를 활용한 바이족 전통 양식 건축물이 인상적인 곳이다.

다리고성 서쪽에 뻗은 '창산(蒼山)'은 히말라야 산맥의 끝자락이다. 산 정상은 거의 1년 내내 뭉게구름에 덮여 있는데, 해 질 녘 산자락에 걸린 햇빛이 구름에 투과되며 고성 전체를 아늑하게 감싼다. 창산을 넘어온 차가운 공기는 온화한 윈난성 공기와 만나 자주 비를 뿌린다. 여름 햇살은 따갑지만 그늘은 시원하고 겨울은 포근한 곳이다. 그래서 다리는 한가로이 성 내를 거닐거나, 노천카페에 앉아 맥주나 커피를 마시며 시간을 보내기 좋은 곳이다.

다리고성은 서양 여행자들이 먼저 찾아냈다. 1980년대 초, 중국의 개혁개방 바람을 타고 배낭여행자들이 다리로 몰려들었다. 여행자들은 외국인 전용 숙소가 있었던 호국로(护国路)에 진을 쳤다. 곧 이들을 상대하기 위한 레스토랑, 바 등이 들어서면서 거리 이름이 '양놈 거리(양런제, 洋人街)'로 바뀌었다. 여행자들은 양런제에 밀집한 게스트하우스에 틀어박혀 맥주 한 병 들고 한가로이 시간을 보내곤 했다. 내 목적지도 거기였다.

다리고성에는 한국인이 운영하는 게스트하우스가 있었다. '넘버 쓰리(No.3)'라는 게스트하우스는 '다리 문씨'를 자처했던, 퇴직한 공무원 출신 주인이 운영하는 게스트하우스 겸 한식당이었다. 주인의 손맛은 기가 막혔는데, 장기 여행자들은 이곳에서 뜨신 밥을 먹고 힘을 얻어 가곤 했다. 나 역시 잔뜩 기대를 하고 넘버 쓰리에 들어섰다.

음식은 주인이 직접 만든 것이 아니라 중국인 종업원이

다리고성

만든 것이었다. 먹는 것에 딱히 연연하는 성격이 아닌데도, 몇 달 만에 먹은 제대로 된 한식에 몸이 제멋대로 반응했다. 교육을 어떻게 시킨 것인지는 모르겠으나, 비빔밥이 아니라 자양강장제를 먹은 느낌이었다. 그만큼 기가 막힌 맛이었다.

하지만 푸근한 감상은 다음날 여지없이 깨졌다. 한나절 고성 내를 돌아다닌 후 게스트하우스로 돌아오니, 종업원 둘이 '그만두겠다'며 눈물을 훌쩍이고 있었다. 주인은 굳은 얼굴로 담배를 피워 물고 있었다. 안타깝게도 주인은 중국어를 거의 못 했다. 도대체 그 상황에서 어떻게 터를 잡고 생계를 꾸려가는지는 알 수 없었다. 졸지에 통역이 됐다.

"사장님이 도대체 뭘 원하는지 모르겠어요. 제대로 알려주고 시키는 것 없이 화만 내니 배겨낼 수가 없어요."

종업원의 입장이었다. 주인은 이 말을 전해주자 길길이 뛰며 흥분했다.

"기본적인 것도 제대로 안 하면서 무슨 소리야?"

손이 날래고 부지런한 주인이 보기에 중국 종업원들 태도는 영 마뜩잖았나 보다. 불통이 이어지니 종업원과 주인의 갈등은 나날이 깊어진 듯했다. 주인은 속정이 깊었지만,

성격이 불같고 무뚝뚝한 사람이었다. 그래서인지 당장 뾰족한 대안을 내놓지 못했고, 담배만 피워댈 뿐이었다. 사정을 모르니 중간에서 할 수 있는 게 없었다. 쉬러 온 곳이 가시방석이었다.

⁜

방에 들어가 침대에 늘어졌다. 뭔가 지쳐버린 느낌이었다. 티베트를 통과하면서 축난 몸은 쉽게 회복되지 않았다. 좋은 사람을 만나고, 인생에 대해 고민하고, 가치관을 정립해 가던 그 시간은 분명 소중했지만 심적으로 지쳐가고 있었다. 잊을 만하면 찾아오는 몰상식과 무례함, 이기심을 마주하면서 '왜 나는 사서 고생을 하고 있는가?'라는 생각이 끊이지 않았다. 티베트 일정 이후로 여행의 동력이 급격하게 스러진 듯했다. 그러던 차에 집에서 연락이 왔다.

"수능을 잘 치렀고, 원서 쓸 때까지 시간이 남아돈다. 형이 떠돌고 있는 김에 좀 얹혀서 유람을 하고자 하니 동생을 맞으라."

형 혼자 탱자탱자 유람하는 꼴을 보자니 배가 아파 못 견딘 건지, 아니면 자의로는 집 밖으로 안 나가는 게으른 동생을 쫓아내고 싶은 부모님 의지인지는 알 수 없었다. 원래는 원난성에서 한 달 정도 더 돌아다닐 예정이었으나, 그 자리에서 계획을 수정했다. 동생과는 구이린(桂林 계림)에서 만나기로 정하고, 미리 체크아웃을 했다. 동생 소식을 듣자 그간 잘 버텨왔던 혼자만의 시간이 무너져버렸다. 가족이 사무치게 보고 싶었다.

다리고성 내 카페 창밖으로 보이는 풍경

돌아가야 할 시간

"계림의 풍광은 천하제일이다 桂林山水甲天下"

- 왕정공(王正功, 1133~1203), 송나라 시인.

절경, 비경이 산재한 중국에서도 풍경의 아름다움을 거론할 때 가장 먼저 나오는 곳은 분명 구이린이다. 느긋하게 흐르는 리강(漓江) 주변에는 불쑥불쑥 솟아난 둥근 봉우리들이 끝도 없이 이어진다. 눈 돌리는 곳마다 산수화에서 튀어나온 듯한 풍광이 이어지니 예로부터 명승(名勝)으로 이름 높았다.

송(宋)나라 시인 황정견(黃庭堅, 1045~1105)은 의주(宜州)로 귀양 가는 길에 구이린에 잠시 머물렀는데, 계림 풍광에 넋이 나가 "이성도, 곽회도 가고 없으니, 이 절경을 어찌 묘사할꼬? 李成不生郭熙死, 奈此百嶂千峰何!"라는 시구를 남겼다. 이성, 곽회는 당시 천하제일로 치던 화백이었으니, 이미 그들이 세상을 떠나버려 이제는 사람 솜씨로 이 풍경을 묘사할 수 없다는 극찬을 남긴 셈이다.

지금이야 워낙 많은 곳이 개발되고 알려져 상대적으로 가린 감이 있지만, 구이린은 중국 배낭여행 1세대를 책임졌던 대표적인 여행지였다. 배낭여행자들은 구이린의 양수오(阳朔)에 모여들어 경치에 취하고, 술에 취했다. 거기서 얻은 정보로 윈난성을 탐험하고 베트남으로 빠져나가는 이들이 많았다. 그러니, 중국을 여행하기로 했으면 구이린은 무조건 들러야 했다.

✥

기차가 덜컹이는 느낌, 웅성거리는 사람들 소리에 나도 모르게 눈을 떴다. 시계를 보니 어느새 오전 11시였다. 불편한 자세로 긴 잠을 잔 탓인지 온몸이 욱신거렸다. 쿤밍에서 구이린을 거쳐 상하이까지, 2박 3일간 달리는 열차였다. 밤 10시에 쿤밍을 출발한 기차는 거의 텅텅 비어 있었고, 여독이 쌓인 몸이라 금세 곯아떨어진 터였다. 눈을 뜨니 밤새 지나는 역마다 사람을 태운 기차는 어느새 만석이었다.

창밖에는 추적추적 비가 내리고 있었다. 겨울 초입이었지만 남부는 겨울을 느끼기 어려운 온화한 날씨다. 핸드폰을 켜보니 통신사 기지국에서 보낸 '광시좡족자치구에 들어오셨습니다'라는 문자가 보였다. 신나게 자는 동안 구이저우성을 통으로 가로질렀다.

머리를 털어 정신을 가다듬고 창밖으로 다시 눈을 돌렸다. 평탄한 들판 위에 갑자기 불쑥불쑥 솟아난 봉우리들은 사진에서 보던 구이린 풍경 그대로였다. 그 위를 아직 시들지 않은 푸릇한 풀이 덮고 있었고, 군데군데 드러난 바위가 검정과 흰색 무늬를 더했다. 추사(秋史)의 〈세한도歲寒圖〉를 보는 듯 거친 돌의 질감이 인상적이었다. 마른 붓에 먹물을 살짝 묻힌 후 순식간에 종이 위를 가로지른 듯 거친 풍경이었다.

나른한 즐거움을 깨버린 건 여전히 몰상식한 누군가의 담배 연기였다. 맞은편 창가 쪽좌석(중국 침대 기차는 침대칸 반대편 창가에 두 사람이 겨우 앉을 수 있는 접이식 간이 의자와 테이블이 있다)에 앉아있는 남자가 담배를 꼬나물고 있었다. 여행 5개월째, 남은 건 악과 깡밖에 없다. 당장 삿대질을 했다.

"차 안에서 금연인 거 모르오?"

봉두난발, 덥수룩한 수염, 시커먼 낯빛의 청년이 대거리를 하니, 흠칫 놀란 눈치다. 남자는 대답을 피하며 나를 흘겨봤다. '젊은 놈이 까부는구나'라는 듯한 눈초리였다.

리강 풍경

위. 구이린 풍경, **아래.** 리강을 유람하는 나룻배

잠시 무언의 대화가 오갔다. 나는 '넌 나이 든 놈이 나잇값도 못하고 자빠졌구나'라는 사인을 보냈다. 남자는 잠시 울그락불그락하더니 결국은 툴툴거리면서 일어나 기차 연결칸으로 나갔다. 구이린 역에 닿은 시간은 오후 8시였다. 고속철도가 전국에 깔린 지금은 상상할 수 없는, '만만디'의 상징 같은 열차 여행이었다.

구이린에 도착했지만, 동생과 만나려면 이틀을 더 기다려야 했다. 외로움이 사무쳤었던 건지, 쓸데없이 흥분해서 중간 일정을 꽤 많이 건너뛰었다. 구이린에서 멍하니 하루를 보내고 난 후에야 실수했다는 걸 깨달았다. 컨디션을 조절하고 구이린 지리도 익힐 생각으로 자전거를 한 대 빌려 월량산(月亮山)으로 향했다. 비포장도로는 차선 구분 없이 차와 자전거, 사람이 뒤엉키는 시골길이었다. 다행히 도로 위에는 사람도, 자전거도, 차도 별로 없었기에 느긋하게 구이린 풍경을 감상하며 달렸다. 중간에 잠시 멈춰 사진을 찍고 있는데, 옆을 지나치던 젊은 여자가 카메라를 들고 와서 말을 걸었다.

"저… 사진 좀 찍어 주실래요?"

한국 사람이었다. 그런데, 그보다 더 신기한 것은 이역만리 중국땅에서, 누구보다 더 이국적인 외모로 돌아다니던 나에게 한국어로 말을 걸었다는 사실이었다. 중국어도, 영어도, 일본어도 아닌 한국어. 그간 모진 시간을 보내며 몰골이 말이 아닌 상태였는데, 아직 한국 사람으로 보인다는 사실에 흐뭇했다.

"한국 사람인지 어떻게 아셨어요?"

아가씨가 자전거에서 굴러떨어졌다.

"한국분이셨어요?"

빌어먹을. 중국어는 한 자도 모르면서 용감하게 떠나온 그는 중국땅에서 영어가 무용지물이라는 사실을 처절하게 경험한 후였다. 어차피 무슨 말을 하든 못 알아들을 건 당연지사, 카메라를 들이대면 대충 의도를 알 테니 별생각 없이 던진 말이었다. 정말로 지쳐버린 몸과 마음을 추슬러 숙소에 들어오니 옆 침대에 묵고 있던 일본 여행객 배낭에 한국산 치약이 삐져나와 있는 게 보였다. 일본인이 아니었다. 남 탓 할 계제가 아니었다.

✥

어찌어찌 시간이 흘렀고, 동생을 맞으러 구이린 공항으로 향했다.

이제 막 성인이 되어, 처음으로 해외에 나온 동생은 모든 게 신기했다. 구이린 풍광에 넋을 잃고 돌아다녔고, 만나는 사람에게는 예의 바르게 고개 숙여 인사했다. 그리고 그런 인사를 받는 중국인들은 어리둥절해했다. 한국에서처럼 깍듯하게 인사할 필요 없다고 알려줬지만, 하루이틀에 고쳐질 버릇은 아니었다. 동생의 하루는 좌충우돌의 연속이었다. 보고, 듣고, 맛보고, 느끼는 모든 것에 흥분했다. 그런 동생에게서 여행 초기의 내가 보였다.

여행을 시작할 때의 설렘은 이미 사라진 지 오래였다. 나는 계획한 루트를 완주해야 한다는 의무감에 떠돌고 있었다. 문득 '이렇게 다니는 게 의미가 있을까?'하는 생각이 들었다. 처음 목표는 중국 국경선을 따라 대륙을 일주하는 것이었다. 구이린 이후에도 푸젠성을 지나 상하이를 거쳐 베이징까지 가야 했지만, 더 이상 여정을 계속하는 게 무의미하게 느껴졌다. 동생을 통해 가족 소식을 듣고 나니 갑자기 맥이 풀렸다. 향수병이 찾아왔고, 여행을 마무리해야 할 때라는 것을 깨달았다. 사흘간 동생의 충실한 가이드로 지낸 후, 미련 없이 배낭을 쌌다. 이제 집으로 돌아가야 할 시간이었다.

에필로그

　구이린에서 짐을 싼 후, 상하이를 거쳐 하얼빈으로 돌아갔다. 1년 간 지냈던 하얼빈사범대학 유학센터에 들러 친구들을 만나 근황을 전했고, 편의를 봐준 학교 측에 감사를 표했다. 학교 측은 유학생 기숙사에 남아있는 방을 숙소로 쓸 수 있도록 배려해 줬다. 짧은 휴식을 마치고 귀국하는 비행기에 몸을 실었다.

　돌이켜보면 여행을 결심했던 계기는 일상을 벗어나고픈 욕망이었다. 사스 봉쇄령으로 학교에 갇혀 있는 동안 차곡차곡 쌓아 비축한 에너지로 여행을 떠났다. 그렇게 소진한 자리는 경험과 추억을 채워 돌아왔다. 탈진하기 전에 돌아와서 다행이었다. 여행이라는 행위가 일상이 되고, 미지에 대한 동경과 경이가 퇴색하면서 사람이 변해갔다. 활력 넘치던 청년은 우중충한 눈빛의 한량이 됐다. 한때 길 위의 삶을 꿈꿨지만, 시간이 지나면서 내가 감당할 수 있는 삶이 아니라는 걸 깨달았다. 집으로 돌아갈 결정을 내린 후 온몸에 차오르던 설렘과 에너지를 잊지 못한다. 여행은 돌아갈 곳이 있을 때 의미가 있다. 약속된 귀환이 없으면 여행이 아닌 유랑이 된다.

중국이라는 거대한 나라를 여행한 것은 행운이었다. 우리나라와 밀접한 관계를 맺고 있는 곳이다 보니, 매 순간이 유의미했다. 중국은 역사적, 정치적, 민족적 이유로 갈등이 상존하는 곳이다. 그리고 그 갈등은 우리가 충분히 공감할 수 있는 내용이다 보니 '정의란 무엇인가?'라는 질문을 멈출 수가 없었다. 제 3자 입장에서 당사자간 입장 차이라는 변수를 고민해야 했고, 나에게는 정의인 것이 타인에게는 아닐 수 있다는 사실도 깨달았다. 특히 소수민족과 한족의 갈등을 목도하면서 이 고민은 점점 심해졌다.

압도적인 규모의 땅덩이를 돌아다니며 내가 알던 세계를 확장한 것도 행운이었다. 지금처럼 정보가 풍부하지 않았기에 맨몸으로 부딪치고 깨져야 했다. 이 경험을 통해 세상을 보는 눈이 넓어졌고, 가치 판단의 기준이 명확해졌다. 빈 도화지를 들고 떠났고, 그 위에 다양한 삶의 모습과 인간상을 그려왔다. 그 그림들은 시간이 지나면서 삶에 적용할 수 있는 소중한 자료로 변해 내 안에 녹아들었다. 그 사이 '나'라는 인간이 조금씩 성장하는 모습을 발견했다.

그래서일까? 어느새 훌륭한 꼰대가 되어버린 중년 아저씨는 만나는 청년들에게 항상 여행을 떠나라고 바람을 넣는다. 대신, 길게 다녀오고, 많이 보고 오라는 말을 잊지 않는다. SNS에 올릴 인증샷을 찍기 위해 가는 여행도 의미가 있겠지만, 감각의 충족을 위한 여행보다는 경험하고, 사유하는 여행을 하고 오길 바랄 따름이다. 그때가 아니면 할 수 없으니까. 독자 여러분의 여행에도 즐거운 우연과 행운, 인연이 함께하길 바란다.

publisher　　instagram

중국 기행 변경의 사람들

초판 발행 2025년 7월 5일
지은이 김구용
펴낸이 최대석 **펴낸곳** 행복우물 **출판등록** 307-2007-14호
등록일 2006년 10월 27일
주소 a1. 서울특별시 종로구 종로1길 50 더케이트윈타워 B동 위워크 2층
　　　a2. 경기도 가평군 경반안로 115
전화 031-581-0491
전자우편 book@happypress.co.kr
정가 20,000원　**ISBN** 979-11-94192-33-6